LANDSCAPE BRIDGES

景观桥

俞孔坚　黄锦宜　李波　著

中国建筑工业出版社

图书在版编目（CIP）数据

景观桥 = Landscape Bridges / 俞孔坚，黄锦宜，李波著. —北京：中国建筑工业出版社，2023.9
ISBN 978-7-112-29217-2

Ⅰ.①景… Ⅱ.①俞…②黄…③李… Ⅲ.①桥梁设计—景观设计—世界—图集 Ⅳ.①U442.5-64

中国国家版本馆CIP数据核字（2023）第184667号

责任编辑：王晓迪　费海玲
责任校对：王　烨

景观桥
Landscape Bridges
俞孔坚　黄锦宜　李　波　著
*
中国建筑工业出版社出版、发行（北京海淀三里河路9号）
各地新华书店、建筑书店经销
北京锋尚制版有限公司制版
北京富诚彩色印刷有限公司印刷
*
开本：787毫米×1092毫米　1/12　印张：31⅔　字数：862千字
2023年9月第一版　2023年9月第一次印刷
定价：**398.00**元
ISBN 978-7-112-29217-2
（41625）

版权所有　翻印必究
如有内容及印装质量问题，请联系本社读者服务中心退换
电话：（010）58337283　　QQ：2885381756
（地址：北京海淀三里河路9号中国建筑工业出版社604室　邮政编码：100037）

俞孔坚

北京大学建筑与景观设计学院院长，教育部长江学者特聘教授，美国艺术与科学院院士。将生态科学和城乡规划与风景园林专业相结合，综合解决生态环境问题。其设计作品遍及10多个国家和中国250多个城市，获40多个国际专业领域重要奖项。2020年被世界景观学与风景园林联合会（International Federation of Landscape Architects）授予终身成就奖——杰里科爵士奖。2023年获美国国家设计奖。

黄锦宜

英国建筑联盟学院及伦敦大学巴特莱特建筑学院建筑设计双硕士，北京土人城市规划设计股份有限公司总监。20年来，一直从事建筑设计与可持续理念相关设计工作。其设计作品覆盖中国、日本以及欧洲等地，多次获得国际竞赛大奖。作品曾刊载于日本《新建筑》杂志、迪拜《绿色能源大地艺术》（*Land Art Generator Initiative*）等国际出版物。

李波

高级工程师，国家注册土木工程师，北京土人城市规划设计股份有限公司副院长。主持并完成25项大中型景观桥梁的设计、施工和管理等工作，获得省部级荣誉5项、市局级荣誉12项、专利技术1项。其中，10座桥梁因技术与艺术完美结合，成为当地的地标建筑。为了推动景观桥梁发展和创新，创办公众号"微桥梁"，发表文章500余篇。

本书项目主要设计人员（按姓氏首字母排序）

白鑫真　拜　真　班明辉　常　鑫　陈　昊　陈　璐　陈　梦　陈　娆　戴乐来
方　渊　封显俊　高　远　高正敏　韩晓晔　轰　伟　胡哲维　黄锦宜　黄征征
贾健敏　贾　军　孔祥斌　匡真光　李　波　李新宇　李育琦　林繁祥　林国雄
林　里　凌世红　龙　翔　刘斌毅　刘婧巍　刘向军　刘益良　刘玉杰　刘云千
鲁　昂　鲁晓静　吕化涛　栾　博　马双枝　庞　伟　彭　川　彭德胜　乔舒清
邱连洲　邵　飞　石　春　宋本明　宋　嘉　宋　昱　苏　欣　孙　腾　唐苏微
佟　辉　王　磊　王明明　王　瑞　王书芬　王雅君　文航舰　吴　帆　吴晓丹
武　超　肖　涵　徐兴中　徐　颖　晏林林　杨　畅　杨学宾　姚斑竹　俞文宇
袁博勋　张冰月　张慧勇　张连永　张　璠　张建乔　张亚奇　张洲林　章中林
郑军彦　郑亚凯　周　鹏　周水明　周　洲　朱　静　宗　建　左　俊

本书主要编辑人员

贾会敏　王慧娴　邢春杰

序　天地人神际会，桥的回归

俞孔坚

景观桥（landscape bridges）是一个很中国的词，在西文中常常被称为步行桥（footbridge），包括跨越河的步行桥，跨越高速路和铁路的人行天桥（overpass），架空在湿地和水面上的栈道（boadwalk）。在这里我用景观桥而非步行桥来作为书名，只因为感觉步行桥不足以概括上述各种有别于局限于市政功能的各种桥。

8月6日晚，著名的福建宁德屏南万安桥被焚毁，一时间成为国人关注的焦点，让当地人悲痛万分。这座始建于北宋元祐五年（1090年）中国现存最长的木拱廊桥，不仅仅是一条跨越河流的桥梁，对当地人来说也是一个不可替代的公共空间和交流场所，更是一种文化的符号，甚至是一种寄托。

桥作为物体和人类征服自然的工程，被各类教材明确地定义为"跨越河流、山谷、障碍物或其他交通线而修建的链接和通道"。然而，在人类的文明进程中，桥绝不仅仅是物质的空间链接通道，正如德国哲学家海德格尔所说，跨越河流或是障碍物两岸的桥，"是以其自己的方式，将天、地、人、神四者汇集于自身"（Heidgger，1971）。桥是人在大地上诗意地栖居的符号，它使没有意义的场地（site）转化为富有含义的场所（place）（Norberg-Shulz，1979）。桥的介入，使弥漫在天地中的混沌之气得以凝聚，使茫茫大地上突然有了一个坐标，使漂泊在宇宙中的人和灵魂有了一种方位感，芸芸众生便有了归属，人类短暂的生命便有了意义，游荡的神灵便有了依附。从想象学的角度讲，作家鲁晓敏的《廊桥笔记》已经将海德格尔关于桥的深刻含义阐述得淋漓尽致（吴晓敏，2022）。

1. 桥为市和场

张择端的《清明上河图》，实际上是以一条"虹桥"为构图和叙事中心的，它横跨在汴水之上，与城市街道浑然一体，街道两边是茶楼、酒馆、当铺、作坊，桥本身构成了城市生活的中心。这桥固然连接了城与乡，兼顾了水陆交通，但能量和物质并非迅速流过，而是在此回旋交会；人们也并非由此匆匆而过，而是在这里留连驻足，信息和欲望在此汇聚和碰撞，这桥也成为重要的市场。在宋代，桥甚至成为最主要的国家税收场所，被称为场务（桥务）。以桥为市在欧洲许多著名城市也不乏见，最著名的莫过于威尼斯水城的里亚托桥。里亚托桥建于1180年，又名商业桥，桥上建有厅阁，两侧店铺林立，堪称威尼斯的象征，莎士比亚的《威尼斯商人》的剧情就是以这里为背景而展开的。同样，文艺复兴之都佛罗伦萨最古老的旧桥也是以桥为市的最好例子，这座始建于1345年的桥市随时代的变迁而成为可以买卖不同商品的集市，先是农贸市场和皮革商铺，今天已经成为金银首饰、艺术品和旅游商品聚集地。以桥为市，带动了桥头的驿站和聚落的发展，城镇也往往因桥而得名，这在东西方都是如此，诸如欧美有多处以剑桥（Cambridge）、伍德桥等为名的市镇。在中国，以桥头、高桥、柯桥、酒仙桥、路桥、虹桥、枫桥、金桥、银桥、玉桥等为名的村镇不胜枚举。

2. 桥是社会舞台

若仔细欣赏作为《清明上河图》构图中心的虹桥，正是"桥头车马闹喧阗，桥下帆船见画船"（宋，汤鼎，《汴京云骥桥诗》）。这人头攒动的场景并非杂乱无章，人们从事着各种活动，各有形态，表情生动；桥头摊贩聚集，有卖茶水的，有相算命的，有和客官讨价还价的；桥上熙熙攘攘，有坐轿的，有骑马的，有挑担的，有赶毛驴驮货的，有推独轮车的；桥两侧有人凭栏眺望，看河中船只往来，指指点点，或与船上艄公搭讪。可见，人们到桥上也不仅仅因为路过或有交易的需要，还为观赏风景而来，甚至仅仅为了欣赏人来人往的鲜活与多彩。从这看似繁荣的都市景象，有的学者却看到了一个朝代没落的悲剧（余辉，2015），因为在人头涌动的表面繁荣之下是受惊的马闯入郊市、懒散的士卒、大量的私粮漕运、欲撞上桥的客船、桥面上占道经营的小贩、相互争道还歪戴官帽的官员，等等。因此，以桥为构图中心，《清明上河图》被定义为北宋末年的虚假繁华。桥成了我们观览和审视纷繁多彩社会的舞台。

3. 桥是姻缘纽带

与张择端的大虹桥所展现和隐喻的宏大却晦涩的王朝与社会剧情相比，杭州断桥上演绎的却人与妖的爱情悲剧，家喻户晓。《白蛇传》里白娘子与许仙在断桥邂逅，修炼千年成精的美女蛇，在桥上遇到千年前救过她性命的书生许仙，续得姻缘，这断桥因此成为穿越时空的姻缘纽带，也成为人与妖跨界相会的通道。桥作为姻缘纽带的含义在中国文化中被演绎到了极致。想象力一直延伸到九霄云天外的银河，就有了连接牛郎织女的鹊桥。

西方文化也同样习惯于把桥作为生死姻缘故事的场景，最著名的莫过于《魂断蓝桥》，芭蕾舞演员玛拉和军官罗伊在桥上邂逅倾心，无情的战争和世俗的偏见，使这对

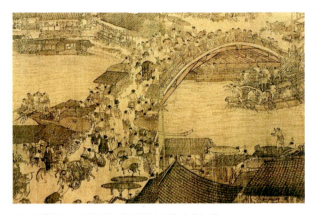

图1 以桥为市，以桥为场：《清明上河图》中的虹桥

图2 以桥为市，以桥为场：绍兴的八字桥，位处三街三河四路的交叉点，陆连三路，水通南北。比《清明上河图》所描绘的虹桥稍晚建造，同样是拱形跨运河桥，却让我们想到当年汴河上的繁华景象。完全以花岗石为材料，是绍兴历史文化的象征之一（俞孔坚摄）

图3 以桥为市：佛罗伦萨最古老的旧桥是以桥为市的最好例子之一（俞孔坚摄）

有情人难成眷属，美丽的玛拉最终在两人初次见面的滑铁卢大桥上以死殉情。无论是在《白蛇传》还是《魂断蓝桥》中，抑或银河鹊桥，桥被设计成感天动地的爱情故事的剧情场景（setting scene），从词源学的角度来说，这正是景观的含义。

4. 桥是彼岸与远方

作为通道和关口，桥在物质空间和心理感知上界定了当下与未来，危险与安全，此地与彼岸，地狱与天堂，世俗与神圣，凡尘与仙境……因此，中国传统的宫殿、庙宇、道观、宗祠甚至陵墓，桥都是不可或缺的景观元素，与其说是跨越障碍的通道，不如说是跨越不同世界的文化符号。传统民间信仰中，人离开这个世界将走上黄泉路，路上会经过忘川河，河上有一座奈何桥，以此桥为界，开始新的一个轮回。西方文化中，真实版的奈何桥是威尼斯的叹息桥，该桥实际上是个封闭的通道，一端是威尼斯共和国总督府，另一端是威尼斯监狱，当犯人在总督府接受审判之后，重罪犯被带到监狱，从此失去了自由，不由得发出叹息之声，桥也因此而得名。反过来理解，对于受困于现实世界的烦恼与不安的生命来说，走向通往彼岸的桥，便可拥有一种重获自由的畅快，一种负重的释放。因此，走在八面临风的桥上，飘逸与畅快之情便油然而生。

5. 桥是认同与归属

在茫茫大地上，桥是通道与障碍在交会处划出的十字坐标。桥使人在茫茫天地之间有了定位和立锥之地，让迷失的灵魂有了期待与目标，并由此成为人们在纷繁的社会和渺茫的未来世界中寻求定位与人生意义的场所。在中国的传统乡村，水口景观的标配设计是桥、神龛或庙台的组合——它们或是祈祷文化兴盛的文昌阁，或是降服水患的龙王庙（龛），或是祈求生子的观音像，还有保佑平安与丰产的土地神。人们把信仰与归宿都寄托在桥上，桥因此成为承载一方人民归属与认同的文化图腾。而建桥便是积功德行善事、树碑立传和彰显成就之事，桥成为对美、善与成果的认同。

6. 桥的风景与观景

视野所及的风景因为桥而靓丽，也因为桥而展现。正如虹桥是《清明上河图》画卷看和被看的焦点和视点，桥往往或是河谷田野等乡村景观，或是港湾河口等城市景观的聚焦，也是观赏风景的不二选择。微尺度的庭院，如苏州园林，曲桥点缀假山假水；中尺度的景观，如杭州西湖，山水因断桥而风采动人，而断桥也是欣赏西湖美景的最佳场所；在宏大的景观中，桥同样是风景与观景的聚焦和视点，如南京长江大桥之于扬子江，金门大桥之于旧金山湾区，悉尼大桥之于悉尼港。

但凡有河流穿过城市，桥便成为城市的名片，桥也成为欣赏城市风景的最佳选择，如巴黎塞纳河及伦敦泰晤士河上的诸多步行桥、苏州和威尼斯古城水道上的桥。因此，

图4 桥是认同与归属：中国传统乡村的典型水口（婺源，虹关）

图5 横跨北京凉水河的桥

图6 北京凉水河桥上的老人

图7 桥下幽闭的通道

桥在很大程度上代表的是城市，尤其是城市建设决策者的审美和品位。平淡无奇的城市因为一座或多座桥而变得美丽动人。

桥并非单纯是"桥"，它作为天地人神际会的文化与艺术的载体，也因此脱离了仅仅为交通服务的形式，甚至有了与交通完全"相反"的功能，桥上有了亭、风雨廊、神龛与庙台，也有了坐凳和美人靠；桥也不一定为流畅而设计，所以有了以观景与休闲为主要目的的桥，类似九曲桥等。

然而，以机动车，特别是小汽车为代表的工业文明的滥觞和以速度和规模化为目标的城市建设，使桥沦为功能单一的交通性市政基础设施。曾几何时，桥作为天地人神际会的含义不复存在。尽管造桥的技术越来越发达，桥的长度和宽度越来越巨大，桥却已不再成为"市"，更难以成为"场"，相反，穿行于城市上空或跨越河流山川的钢铁桥梁恰恰是"市"与"场"的破坏者；尽管桥的形态与色彩越来越绚丽，竭尽霓虹灯之能事，它们却不再是丰富多彩的市民生活的舞台，它们如张牙舞爪的怪兽主宰着城市的天空；冰冷的钢筋水泥，令人心生恐惧的幽暗桥洞，令行人望而却步的车流，使桥已不再是人们穿越时空的姻缘纽带，相反，桥成了割裂社区与邻里、阻碍人与人交流的障碍；无限蔓延的土地开发，不断延伸的高速路网，不可阻挡的隧道和架桥速度，让桥不再是神秘彼岸和宁静远方的隐喻，而是它们的终结；当然，这些令人望而生畏的桥梁也不再是一方人民的归属。正如城市和自然景观因为一座美丽的桥而成为入画的风景，今天的广大城乡也有山水俱佳的地方往往因为丑陋的桥而变得不堪入目！作为钢铁洪流通道的桥也绝不是人们愿意驻足眺望风景的地方，而是逃之不及的地方。

于是乎，先行城市化的国家，在城市被汽车"占领"长达近半个多世纪之后，特别是经历"二战"之后的快速蔓延和大拆建的时代，以人为本的紧凑城市与社区的价值再次被发现，人的社会生活与美好环境的价值被重新唤起，至少从简·雅各布斯的《美国大城市的死与生》（1961年）开始，城市回归运动首先在民间兴起，汽车主导的大街区、宽马路、大型市政设施给城市带来的负面作用开始得到认识。

到了1980年代中后期，新城市主义作为专业设计理论与实践运动，开始在欧美兴起，对汽车时代进行了深刻的反思，回归人性、回归社区和城市生活的设计理念逐渐成为学界主流，对步行友好的紧凑型城市和生态环保的交通及生活方式的关注，成为新城市主义倡导的可持续城市形态特征（Calthorpe et al., 1986），紧接着，1990年代兴起的景观都市主义和生态城市主义在欧美学术界为未来城市描绘了一幅后工业时代生机勃勃的生态与人文城市的绚烂图景。后两者都强调通过景观和背后的生态过程来定义和塑造城市，认为城市是由相互关联且丰富的水平生态过程所界定的，而非建筑物，强调用生态系统的理念来系统设计城市，解决城市的社会和环境问题，创造新的城市形态和美学（俞孔坚，2009；Waldheim, 2016；Mostafavi et al., 2010）

图8 波士顿大开挖工程（The Big Dig）之北段，波士顿新中国城公园（New China Town Park）的过去与现在，破除切割城市的高速路而还城市以公共空间和社区生活（土人设计&Carol Johnson设计，俞孔坚摄）

图9 纽约高线公园，割裂城市的高架铁轨华丽转身为城市复兴的绿色基础设施，回归了"桥"的含义（俞孔坚摄）

图10 拉维列特公园，用高架栈桥连接被道路和运河切割的城市，形成有机的城市空间，是景观都市主义的典范（俞孔坚摄）

图11 巴黎塞纳河上的西蒙娜·德·波伏娃步行桥（俞孔坚摄）

图12 挪威的国家观光道计划上的艾于兰峡湾观景台（Auland Lookout）（照片来源：Saunders and Wilhelmsen）

图13 挪威的国家观光道上的特罗尔斯第根（Trollstigen）游客中心（照片来源：Reiulf Ramstad Arkitekter）

图14 美国大峡谷玻璃天桥（俞孔坚摄）

后工业城市设计理念的重要标志是拆掉和改造工业文明留下来的灰色基础设施。典型的案例包括波士顿的大开挖工程。穿过波士顿上空的高速路建于1950年代，建设时迁移了附近约20000名居民，切断了波士顿滨海与中心商业区的联系，破坏了整个社区的生活和历史联系。为还城市以活力，重建社区生活，政府决定将高速路埋入地下，而将地面还给城市生活和绿色廊道。大开挖工程总投资近400亿美元，历时15年，直到2006年其主体工程才算基本完成。本人有幸参与其中，并参与了其中一段的设计。大开挖工程最终以巨大代价破除了代表工业文明的灰色基础设施，还城市以绿色和活力，这是西方城市建设进程中的一次纠错，更给中国等后发展国家一次深刻的教训。

而法国的勒内·杜蒙绿色长廊则是一个将高架铁路改造成绿道的成功案例。巴士底地区通往巴黎东郊的高架铁路在1960年代停运后，顶上被改造成公园，铁路桥下面被改造成店铺，形成了一条艺术品长廊，一条割裂城市的灰色基础设施，华丽转身为长约4km的绿色文化休闲走廊。受该项目的启发，纽约的高线公园由运行于1930—1980年代的高架铁轨改造而成，通过生态化和人本化设计，高调复兴了一条工业走廊，将后工业时代城市复兴运动推上高潮，并被世界各大城市所效仿。高线公园的成功不仅给发达国家的后工业城市建设带来了灵感，也为那些在黑暗中摸索，热衷于建设新城、饱受环境污染、社群隔阂、社区分裂之苦的城市点亮了一盏明灯。高线公园的成功还展示了如何从一开始就将景观作为基础设施进行规划和设计，并通过这些基础设施整合城市的各类服务，将人的通行安全、生物多样性、多元化社会和文化的交融等功能整合到一个兼具休憩与审美体验的"桥"之中。这个项目带来的成功不仅让城市锈迹带重获新生，也精彩地展示了景观设计行业如何在城市尺度上发挥作用（Yu，2018）。

在拆除和改造工业化时代灰色交通基础设施的同时，步行桥开始以新的形态成为重构城市景观和缝合社区生活的短平快手段。早在1987年，建筑师伯纳德·屈米（Bernard Tschumi）设计的拉维列特公园就以高架廊桥跨越运河和道路，将多种功能体链接在一起，使公园成为城市的有机组成部分，并定义了城市的场域和活动，该公园也成为以景观都市主义的开山之作。从1990年代末开始，欧洲主要城市借助世纪之交城市更新和形象重塑的机会，设计建造了许多具有创新意义的步行桥，它们回归了前汽车时代桥梁作为场所和公共空间、交流与联系纽带，以及作为风景和归属与认同的含义，同时吸收了工业文明所赋予的全新的数字设计技术、新材料和构造技术，开启了景观桥设计的崭新时代。包括诺曼·福斯特（Norman Foster）设计的伦敦世纪桥（The Millennium Bridge，1996—2001年），以两个Y形的主柱，张开支撑两侧，再用横臂支撑固定桥板，形成独特造型的同时又使桥上有宽广的视野；威尔金森·艾尔建筑设计有限公司（Wilkinson & Eyre Architects）设计的盖茨黑德千禧桥（Gateshead Millennium Bridge，2001年），是一座左右侧翻的步行桥，以定时解决运河行船与人行通道之间的矛盾；SKM.安东尼·亨特设计事务所（SKM Anthony Hunts）等设计的滚动桥（Rolling Bridge，2004年），桥板像履带一样内转，以便开启和关闭，方便运河行船；圣地亚哥·卡拉特拉瓦（Santiago Calatrava）设计的威尼斯运河上的宪法桥

（Ponte della Costituzione，2008年），则是一座玻璃桥，尽管备受争议，但其创新的态度鼓舞了广大的桥梁设计师。迪特马尔·费希廷格（Dietmar Feichtinger）设计的西蒙娜·德·波伏娃步行桥（Passerelle Simone de Beauvoir，2006年），是一座既有步行道又有自行车道的立体桥，创造了丰富的空间体验，成为巴黎塞纳河上颇受欢迎的公共场所。

与此同时，远离城市，提供观光体验的景观桥也成为探索当代设计的前沿，将桥的设计在创造体验和美感的空间拓展到了极致。如21世纪初开启的挪威国家观光道计划（National Tourist Routes in Norway），通过风景游览系统的构建，将游人带入北欧独特的山水之中，使其获得全新的体验和感受，带动了旅游经济。一批设计师因此有机会实践其创新的设计，18条国家观光路线公路，是挪威文化、建筑和设计与大自然的有机结合，其中，各个景点的观光栈道、桥和平台等构筑物都是这项宏大工程中的精彩片段，它们把峡谷、农田、河流、山川、悬崖等自然景观联系在了一起，形成了一个个令人难忘的体验场景，并点亮了北欧的独特景观（俞孔坚，2011），如桑德斯和威廉森建筑设计事务所（Saunders and Wilhelmsen）设计的艾于兰峡湾观景台（2006年），延森和斯科温建筑设计事务所（Jensen & Skodvin Architects）设计的加德布兰德斯祖维特观景台（Gudbrandsjuvet Lookout，2007年），雷于尔夫·拉姆斯塔建筑设计事务所（Reiulf Ramstad Arkitekter）设计的特罗斯第尔根（Trollstigen）游客中心（Troustigen，2012年）。这些精品构筑物无论在材料、结构还是设计美学方面都为当代景观桥的设计树立了新地标。令人"匪夷所思"的玻璃桥是当代景观桥的另一个极端，如高悬在美国大峡谷上空的大峡谷天桥（Grand Canyon Skywalk，2007年），这座由美籍华人企业家金鹉策划投资的U形观光桥，使游人获得了像雄鹰飞翔于空中的体验，将人类的艺术和技术与大自然的雄伟景观完美结合，创造了当代景观桥梁中的奇迹，并成为未来设计的灵感源泉。

正当欧美进入新城市、景观都市主义和生态城市主义时代之时，中国的城市化正处于城市狂热（urban frenzy）的状态，如同欧美"二战"之后的城市扩张，城市建设被暴发户意识与权力审美所主导，城市日常生活与生态环境和美学被忽视或曲解，大广场、大马路、大高楼和令人迷乱如"中国结"的高架桥被当成城市发展的象征（俞孔坚，1999；俞孔坚，2002；俞孔坚 等，2000；俞孔坚 等，2003）。在城市化方面，中国是后知后觉的，但这不妨碍在城市建设洪流之外的某些偏僻角落，明智的决策者已经与国际同步意识到了问题并探索和接纳后工业时代的设计理念，这就为一些创新的设计师提供了避难之所。早在21世纪初，美籍华人桥梁工程师邓文中和林同棪国际公司就开始在中国设计了一批结构精巧且美的市政桥梁，使当代的市政工程桥被赋予了景观桥的含义，如其在天津设计的大沽桥（2003年）是一座非对称外倾高低拱多索面钢拱桥，又被称为"日月拱桥"。加宽的弧形人行道构成观赏平台，行人至此可一览海河美景。尽管它是横跨海河的主要交通性桥梁，但设计师把人行和观景体验以及城市风貌、文化象征完美融合在设计中，使桥回归人性空间与都市场所，堪称用当代语言回归桥的完整意义的杰出典范。在福建的偏远乡下，建筑师李晓东在两座古老土楼之间的山涧上架起了一座桥上书屋（2008年），让桥成为交流聚会的场所，成为社区重建的纽带，用当代语言

图15 天津设计的大沽桥（照片来源：林同棪国际公司）

图16 桥上书屋（照片来源：李晓东）

图17 上海辰山植物园矿坑花园水上栈道（陈尧摄）

图18 广州"海珠心"步行桥（照片来源：何镜堂）

图19 张家界"云天渡"玻璃桥（照片来源：Haim Dotan）

阐释了传统廊桥的含义；朱育帆设计的上海辰山植物园矿坑花园（2012年），堪称矿坑景观设计的经典，其中临水栈道（桥）无疑是矿坑花园最精彩的元素，使桥成点亮风景和让人浸入风景的通道。在广州，建筑师何镜堂主持设计的海心桥（2021年）是首座跨珠江的人行桥，用当代技术与形式回归桥的含义，用设计者的话说是"是珠江上看与被看皆宜的新景点"，是使城市回归人本理念、并走向后工业时代的代表。玻璃桥在中国各大景区的出现，使桥作为景观体验和风景的含义得到畅快淋漓的表达。具有代表性的是渡堂海（Haim Dotan）设计的张家界"云天渡"（2015年），集人行道、游览、蹦极、溜索以及舞台等功能于一体，当时是世界最高的人行桥也是最长的玻璃桥，为人们打开了"桥"作为景观体验设施的想象空间，并掀起了中国景区的玻璃桥热。

土人设计自1998年成立开始，便提出了天地人和谐的设计理念，步行桥、空中栈桥和栈道等一开始便在其作品中被作为重要的景观元素来设计。本书采集了土人设计近25年里完成的景观桥的代表作，从中可以看到"土人"为实现其设计理念而不断探索的足迹。

7. 步行栈道：浸入自然的体验空间

1998年开始，土人设计就把栈道和栈桥作为重要的功能、艺术与生态结合的创新元素，2000年设计的中山岐江公园中，布置了一条113m长的水上钢构栈桥，与工业遗产公园的整体风格相呼应，桥上设置观景平台和装置，作为公园的主要聚焦点和观景走廊，也成为分割空间的元素。岐江公园中还尝试了"海绵水岸"的设计，用栈桥式的护岸来适应水位变化的水岸，实现亲水性与生态性（俞孔坚 等，2002），这一做法又在中关村生命科学园的中央湿地中进行了更大范围的应用（2001年）。在秦皇岛滨海景观带的栈道设计中，尝试了预制基础的木栈道设计（2006年）；在寒带的湿地栈道建设中，尤其需要面临冻融作用带来的影响，在哈尔滨群力湿地公园（2009年）、哈尔滨文化中心湿地公园（2013年）、俄罗斯卡班湖的水上栈道（2013年）等项目中都总结了经验和教训。公园中栈道可探索的余地很大，重点在艺术性、生态性与功能的结合，如秦皇岛的红飘带，将木栈道与坐凳相结合，苏州真山公园中，金属格网路面实现了步行功能与生态性的结合，都有较好的效果。预制混凝土栈道是近年来土人设计在探索的，它是将模块化的异形设计组合成更有艺术感的步行栈桥，这在西安雁南公园（2016年）和南昌鱼尾洲公园（2017年）都得到了较好的展示。

8. 公园栈桥：空中的游憩体验场所

2005年的天津桥园景观桥是作者首次尝试在公园中设置的与亭台休憩设施相结合的高空栈道，作为公园绿地上的空中休闲廊道，为地形平坦的景观创造了新的体验空间，并扩大了绿地的游客容量，通过公园与城市之间的空中栈桥还创造了一系列公园的框景，将多个下沉花园和场地串联起来，提供了一系列看和被看的场景（俞孔坚，2011）。这个模式的升级版是2009年设计的哈尔滨群力湿地公园空中栈道，这条廊道同时界定了

图20 中山岐江公园中的水上栈桥，成为空间构成和观景的重要元素（土人设计，2000）

图21 水上栈道：桥作为姻缘的纽带（宜昌运河公园，土人设计）

图22 水上栈道：桥作为城市公共休闲空间（南昌鱼尾洲公园，土人设计）

图23 天津桥园的公园空中栈道，界定了城市与公园的边界，并串联了多个下沉庭院（土人设计）

图24 秦皇岛植物园中的空中栈桥

一个城市海绵公园的边界，将自然的荒野镶嵌入一个"画框"。认识到这种设计手法在城市中颇受市民喜爱，因此，在后来的多个公园中都进行了使用，而在具体设计形式和材料上都有不同的尝试，从而成为定义公园特色的重要元素，如2006年设计的秦皇岛植物园中，专门营造了一个破裂的火山口地形，然后在上面架了一条环形空中栈桥；2009年设计的宜昌运河公园、2009年设计的义乌滨江公园桥、2014年设计的衢州鹿鸣公园和宿迁三台山衲田花海栈桥、2015年设计的三亚红树林公园和2016年设计的西安雁南园。对这一手法的极致使用是2016年设计的兰溪扬子江海绵公园和2018年设计的嘉兴西南湖公园。在扬子江海绵公园，为了应对洪水，设计了一个水杉林上的空中平台和栈道系统，形成了与洪水相适应的空中休憩网络。在西南湖公园，场地已经有大片成熟的森林，林下生态也很好，水系和铁路及快速道路将场地与周边的联系隔绝，空间使用率很低，为疏解临近南湖地区的游客并为周边市民提供活动场所，设计了一个树冠之上的空中栈道网络，并将儿童活动场、书店、咖啡屋及商场和休息场所整合成一个空中网络，协调了生态保护与人类休憩活动两者之矛盾，创造了一个立体公园。

9. 爬山栈桥：适应地形的体验廊道

2010年设计的林州红旗渠太行天梯用充满豪情的浪漫主义手法，在非常局促和复杂的地形中，用一条蜿蜒盘旋的空中步道，综合应对了人流交通、车流组织、空间体验、科普教育和景观保护等一系列挑战，并适度使用了玻璃桥面以供人观赏桥下的瀑布。钢结构栈道并不是理想做法，但在岩石山坡等特殊地形上尤其有优势——轻巧且安装便利，典型的项目是2011年设计的宁波象山松兰山滨海栈道。

10. 玻璃栈桥：有挑战性而刺激的景观体验空间

2014年设计的长白山池北区美人松公园空中玻璃栈桥和平台解决了游客跨越快速路的问题，同时把人带到高空欣赏美人松，而玻璃栈道本身也成了风景。2015年城头山国家考古遗址公园的玻璃栈桥，让平淡无奇的稻田景观变得活跃起来，沿桥散步成为一种奇妙的探险，让城市游客能够浸入式体验水稻种植及收割过程。同时不影响桥下的水稻获得足够的阳光。

11. 市政景观桥：链接绿道和社区的纽带

不同于公园中的游览性的栈道和栈桥，市政景观桥是有交通功能的桥，用于步行和自行车交通。2009年设计的睢宁水袖桥是对高架联通性步行桥的最早尝试，它将被多条水系和快速道路分割的县城空间连接在一起，并从当地戏曲舞蹈摇曳多姿的水袖中获得灵感，形成流动飘逸的空中舞台和观景廊道，当地人民甚至唱起了脍炙人口的《我家乡的水秀桥》。该桥成为县城的地标，也成为强化社区认同与归属感的标志性景观。在此基础上，分别设计了六盘水明湖湿地公园（2009年）、金华燕尾洲公园（2010年）、浦阳

图25 哈尔滨群力湿地公园空中栈道，这条廊道同时界定了一个城市海绵公园的边界，将自然的荒野镶嵌入一个"画框"（土人设计）

图26 三台山衲田花海空中栈桥，以桥作为景观的主角和主要的体验廊道（土人设计，2014）

图27 衢州鹿鸣公园中的空中体验栈桥（土人设计，2014）

图28 衢西安雁南公园中的空中体验栈桥和装置（土人设计，2016）

图29 兰溪扬子江海绵公园，洪水相适应的空中休憩网络（土人设计，2016）

图30 嘉兴西南湖公园：林冠上的公共空间，包括儿童游戏场（土人设计，2018）

图31 爬山栈桥：太行天梯（土人设计，2011）

图32 爬山栈桥：宁波象山松兰山滨海栈道，成为体验海滨风景的通道（土人设计，2010）

图33 长白山池北区美人松公园空中玻璃天桥（土人设计，2014）

图34 城头山国家考古遗址公园的玻璃栈桥（土人设计，2015）

江生态廊道的多个桥（2014年）、邯郸园博园的"梦泽飞虹"（2018年）等一系列城市和社区的流线型景观桥。这些桥除了在游线上都采用飘逸的曲线和钢结构外，在色彩和材料方面都进行了不同的尝试，桥本身成为景观营造的主角，同时具有观景和提供空中休闲体验的功能。

以慢行交通为主要功能的景观桥包括大型的跨江大桥。2016年设计的衢州市礼贤桥，横跨衢江，将自行车道与步行道分设，采用上下错落曲线钢桁架形式，做到结构、形式与功能有机结合，同时创造了丰富的步行和游览体验，无论从跨度还是宽度来说，都是很大体量的景观桥，成为令衢州人自豪的城市象征，更是备受市民喜爱的日常休憩空间。2021年的西安市国际港务区跨灞河慢行桥，长达1500m，是295km长的"三河一山"超级绿道的点睛之笔，也是横跨灞河的第一座大型步行桥，它飘逸在水上回望西安奥体中心，与其共同塑造古都西安的时代风貌。设计以丝绸为主要元素，整座桥梁的栏板采用双层穿孔铝板作为主材，以现代设计方式将丝绸光泽抽象化，结合灯光设计，使整座桥梁犹如一条银白色丝带飘浮于灞河之上。

作为城市无障碍超级绿道上的桥，先于灞河慢行桥的是2019年设计的唐山超级绿道的一系列景观桥，当时尝试了以穿孔铝板作为桥的栏板而形成整体感，用适当的变形来满足对形式的追求。

本书还收集了几座建设中的桥或方案阶段的桥。其中，2022年设计、建设中的兰州市奥体桥是一个新的尝试，采用张拉整体结构横跨城市主干道。结构柱落在人行道边缘。2022年设计中的兰州黄河汇秀桥以"天地人文际会，风雨廊桥今释"为概念，传承多元的空间功能，凭借当代的设计手法、技术和材料的创新，它不仅成为连接黄河两岸的空间纽带，更是艺术与科普展廊和休憩空间，是城市的新地标，也是城市的观景阳台，更是对桥的完整意义的回归。

之所以将景观桥作为单独的设计主题重点演绎，是因为作者深深感到其对营造美丽中国的重要意义。可以预料的是，中国城市在经历快速而无节制的狂热膨胀、巨型市政工程的无情手术之后，其肌体将进入修补期、社区将进入愈合期、城市生活的理想将从英雄主义走向寻常的诗意，景观桥将成为缝合城市创伤不可或缺的针线，担当起际会天地人的角色。20多年的城市与景观规划设计实践告诉我，只有不断吸取前人的经验，不断探索和实践，设计的作品才能不断走向成熟。通过此书与各界分享我及我团队的实践经验，并以此为基础，博取方家的批评和指导。

图35 金华燕尾洲八咏桥（土人设计，2010）

图36 衢州市礼贤桥，令万人空巷的新型公共空间（土人设计，2016）

图37 西安市国际港务区跨灞河慢行桥，作为城市新地标的景观桥（土人设计，2021）

图38 兰州黄河上的"汇秀桥"：天地人文际会，风雨廊桥今释（土人设计，2022）

参考文献

CALTHORPE P, Ryn S V D, 1986. Sustainable communities: a new design synthesis for cities suburbs and towns [M]. San Francisco: Sierra Club Books.

HEIDGGER M, 1971. Building, dwelling, thinking from language, thought [M]. New York: Harper Book.

MOSTAFAVI M, Doherty G, 2010. Ecological urbanism [M]. Zurich: Harvard University Graduate School of Design and Integral Lars Müller.

NORBERG-SCHULZ C, 1979. Genius loci: toward a phenomenology of architecture [M]. New York: Rizzoli.

WALDHEIM C, 2016. Landscape as urbanism: a general theory [M]. New York: Princeton University Press.

YU K J 2018. A manifesto for Corner's new landscape decalration from inspiration high line [M]. New York: Landschafts Architektur und Industrielle Landschaft Line.

鲁晓敏，2022. 廊桥笔记[M]. 桂林：广西师范大学出版社.

余辉，2015. 隐忧与曲谏[M]. 北京：北京大学出版社.

俞孔坚，2011. 北欧现象[J]. 景观设计学（3）：26-27.

俞孔坚，1999. 谨防城市建设中的"小农意识"和"暴发户意识"[J]. 城市发展研究（4）：52-53.

俞孔坚，2002. 城市公共空间设计呼唤人性场所[M]. 沈阳：辽宁科学技术出版社.

俞孔坚，胡海波，李健宏，2002. 水位多变情况下的亲水生态护岸设计：以中山岐江公园为例[J]. 中国园林（1）：37-38.

俞孔坚，2009. 景观都市主义：是新酒还是陈醋？[J]. 景观设计学（5）：16-19.

俞孔坚，2009. 新唐人街：波士顿的中国城公园[J]. 建筑学报（3）：60-63.

俞孔坚，2011. 天津水岸廊桥：连接城市、建筑与自然[J]. 新建筑（3）：55-57.

俞孔坚，吉庆萍，2000. 国际城市美化运动之于中国的教训（上）[J]. 中国园林（1）：27-33.

俞孔坚，吉庆萍，2000. 国际城市美化运动之于中国的教训（下）[J]. 中国园林（2）：29-32.

俞孔坚，李迪华，2003. 城市景观之路：与市长们交流[M]. 北京：中国建筑工业出版社.

俞孔坚，凌世红，刘向军，2011. 回归桥的含义：江苏睢宁水袖桥[J]. 建筑学报（4）：102-103.

俞孔坚，陆小璇，2013. 方圆：2013第22届法国肖蒙国际花园展作品[J]. 景观设计学，1（6）：140-142.

目录

序　天地人神际会，桥的回归　　5

步行栈道　浸入自然的体验空间

中山市岐江公园钢桥　　18
宜昌市运河公园平板桥　　22
苏州市真山公园栈道　　26
绍兴市上虞青瓷源遗址公园滨水栈道　　32
西安市樊川公园滨水栈道　　38
南昌市鱼尾洲湿地公园景观桥　　46
哈尔滨市文化中心湿地公园滨水栈道　　54
宿迁市三台山森林公园石笼拱桥与玻璃纤维栏杆桥　　60
衢州市鹿鸣公园浮桥　　64
法国肖蒙中国方圆水上栈桥　　68

公园栈桥　空中的游憩体验场所

西安市雁南公园空中栈道　　76
嘉兴市西南湖空中栈道　　84
金华市兰溪扬子江海绵公园空中栈道　　96
宿迁市三台山森林公园空中廊桥　　106
哈尔滨市群力湿地公园空中栈道　　114
衢州市鹿鸣公园空中廊桥　　126
宜昌市运河公园空中伞廊　　138
三亚市红树林生态公园景观桥　　150
三亚市东岸湿地公园空中廊桥　　156
苏州市菱湖渚公园空中栈桥　　166
义乌市滨江公园空中廊桥　　172
天津市桥园公园空中栈道　　178
秦皇岛市植物园空中走廊　　184
重庆市潼南大佛寺湿地逃生桥　　190
北京市永兴河空中水泥桥　　194

爬山栈桥　适应地形的体验廊道

林州市红旗渠太行天梯　　200
宁波市象山县松兰山滨海栈道　　208

玻璃栈桥　富于挑战而刺激的景观体验空间

长白山池北区美人松公园空中廊桥　　218
城头山国家考古遗址公园玻璃栈桥　　228

市政景观桥　连接绿道和社区的纽带

西安市国际港务区跨灞河慢行桥　　238
衢州市礼贤桥　　246
邯郸市园博园"梦泽飞虹"桥　　258
唐山市超级绿道及跨南湖大道景观桥　　266
金华市燕尾洲八咏桥　　280
六盘水市明湖湿地公园飞虹桥　　288
南昌市鱼尾洲湿地跨路空中廊桥　　296
浦江县浦阳江生态廊道　　306
睢宁县流云水袖桥　　316
金华市王坦溪景观桥　　322
龙游县凤翔洲景观云桥　　328

方案阶段及建设中的桥

荆州市太湖港大桥/海湖大桥　　336
衢州市霞飞桥　　340
衢州市智慧双桥　　344
衢州市水亭门历史街区景观桥　　350
武汉绿道诸景观桥　　354
兰州市奥体桥　　358
桂林市漓江鹭鸣桥　　364
广州海珠创新湾景观桥　　368
兰州市跨黄河汇秀桥　　372

土人设计著作系列　　378

LANDSCAPE BRIDGES
景观桥

步行栈道
浸入自然的体验空间

中山市岐江公园钢桥

岐江公园位于广东省中山市区，总面积10.3hm²，园址原为粤中造船厂。船厂地处中山市区中心的岐江水畔，匝湖而建，湖与江通。1953年创业，1999年停产，全程经历了中华人民共和国成立后自力更生的工业化进程，可以说艰辛而饱蘸历史沧桑。停产后，原址留下不少造船厂房、起重构架、水电配套设施、机器设备。

岐江公园设计以"敝帚自珍"的理念，保留那个年代和那代人的创业历程，将其提炼为真实并且弥足珍贵的城市记忆，并创造一种新的城市价值。公园整体强调足下的文化与野草之美，利用造船厂原有植被，进行城市土地再利用，成为一个开放的反映工业化时代文化特色的公共休闲场所。

中山市岐江公园钢桥秉持严格并且准确的细部，顺承岐江公园的工业语言；不同于中国传统园林强调园无直路、西方古典园林强调几何对称和唯美，钢桥以21世纪高效、简洁、个性的时代特色，即两点之间直线最短的科学规则，成为公园中的游览路线。

在岐江公园钢桥上驻足而立，可以最佳的景观点观赏"琥珀灯塔"。如同古世纪的昆虫，不经意凝固在色泽绚丽的琥珀之中，旧厂区堤岸的寻常水塔与它新科技的玻璃外衣，共同包裹住时间的脚步。入夜，灯塔照耀了岐江和城市，也照耀了自己内部，以及那已逝的过往岁月。

桥梁基础数据

项目地点：广东省中山市
设计时间：2000年7月
建成时间：2001年7月
桥梁规模：总长约113m，栈道跨径约2.4m
桥面宽度：标准宽度2m
设计荷载：3.5kN/m²
上部结构：钢筋混凝土
下部结构：扩大基础
桥梁景观：一侧用简约横条钢护栏
　　　　　一侧在护栏内侧全线设置防水射灯
所获奖项：2002美国景观设计师协会（ASLA）荣誉设计奖
　　　　　2004第十届全国美展金奖
　　　　　2008世界滨水设计最高荣誉奖
　　　　　2009 ULI全球杰出奖

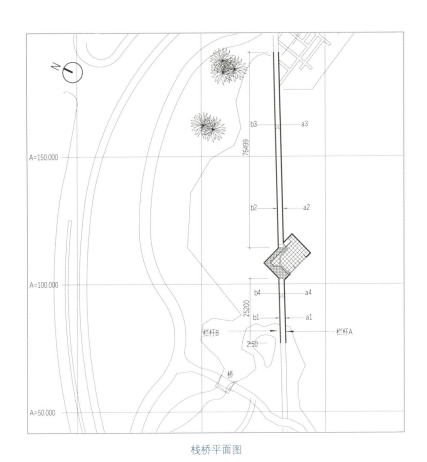

栈桥平面图

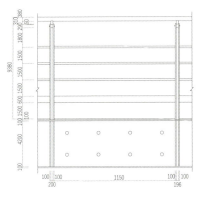

栏杆A立面图

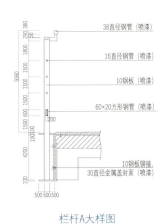

栏杆A大样图

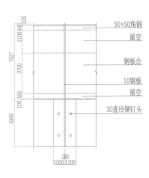

栏杆B立面图

栏杆B大样图

宜昌市运河公园平板桥

宜昌因为三峡和葛洲坝水库而闻名于世，被称为"水电能源之都"，坐落于长江边，地貌以丘陵山地为特色。运河公园位于宜昌市"城东生态新区"，地处丘陵地貌的低洼地，场地内现状主要为废弃的鱼塘，内有一小型水电站。设计通过最少的干预，使之成为新城的"生态海绵"，净化被污染的运河的水体，缓解城市内涝，保留场地记忆，同时为周边居民提供了别具特色的休憩空间。

平板桥是对场地原有鱼塘的堤埂进行生态化的地面铺装，并与木栈道相结合，形成的一个分布全园的漫步道网络。这种水泥栈道的设计灵感来源于当地的水泥水埠，是一种新乡土景观。市民亲切地称伞廊与平板桥结合的形式为"水上桥，林间路"。

设计探索了一种将城郊农业景观转化为城市"绿色海绵"的途径，通过最少的工程改造，使昔日的工农业"废墟"成为具有多种生态系统服务功能的游憩景观。设计中对场地工农业遗址的利用和转化，不但使公园有了文化的记忆，更形成了自己独特的风格。

在树林中，在水畔的平台上，太极、瑜伽、舞蹈都是居民们感受自然的质朴方式。在自然中，拍摄婚纱照、汉服照，是人热爱自然的体现。于水畔栈桥，支上画架与相机，分秒间，不知是记录时间，还是记录自然，更或是记录生活。在宜昌运河公园，处处都是人与自然和谐相处之景。

桥梁基础数据

项目地点：湖北省宜昌市
设计时间：2009年9月
建成时间：2010年
桥梁规模：总长约400m
桥面宽度：标准段宽1.2m、1.8m、2.5m、3.2m渐变变化
设计荷载：3.5kN/m^2
上部结构：钢筋混凝土
下部结构：钢筋混凝土方柱+扩大基础

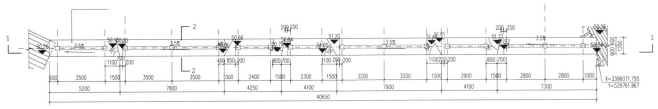

栈道平面图

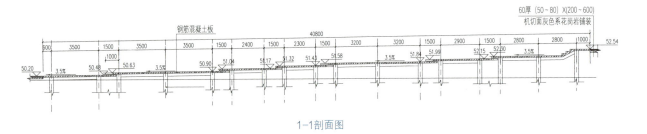

1-1剖面图

2-2剖面图

苏州市真山公园栈道

真山公园是地处苏州市虎丘区的一处开放公园，位于华金路沿线。真山公园的设计尊重场地自然现状，在构建"海绵公园"和建设"生产性的低维护景观"两大策略的指引下，将原先残破的山体、持续恶化的垃圾场，改造成一个生产性低维护韧性城市公园，最大限度地利用场地现有资源，满足市民的休闲游憩需求，使其成为一个"看得见青山，望得见碧水，记得住乡愁"的城市公园，为建设韧性城市作出了重要贡献。

真山公园整体以一条长约1km的慢行系统贯穿南北两大片区，并联系各功能区；慢行系统由钢格栅栈道及红色玻璃钢座椅组成，是集漫步、观光、休憩、科普教育于一体的带状功能体验区。公园的建成不仅提高了城镇环境及居住质量，改善了城镇面貌，积极响应了海绵城市建设的政策，也对苏州地区的生态治理和环境提升有示范作用。

桥梁基础数据

项目地点：江苏省苏州市虎丘区
设计时间：2015年11月
建成时间：2017年6月
桥梁规模：总长约1933m，栈桥标准跨径4.5m
桥面宽度：桥面宽度1.5m、2.5m、4.0m
桥面面积：8042m^2
设计荷载：3.5kN/m^2
上部结构：钢框架结构
下部结构：方钢墩柱+扩大基础
桥面铺装：放个龙骨+竹木铺装
桥梁景观：栈桥分段设置玻璃钢座椅+景观照明

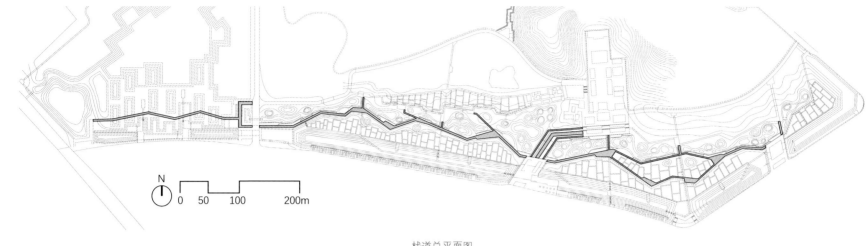

栈道总平面图

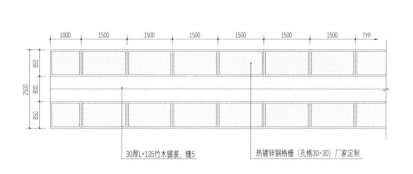

镀锌钢栈道标准段平面图

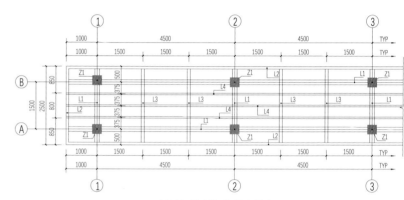

镀锌钢栈道标准段龙骨布置图

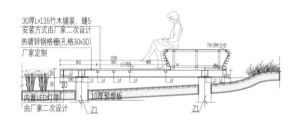

1-1剖面

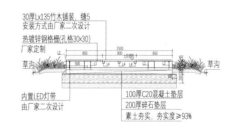

2-2剖面

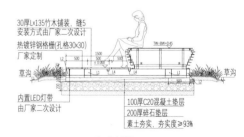

3-3剖面

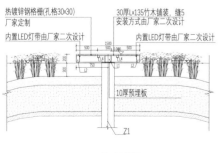

4-4剖面

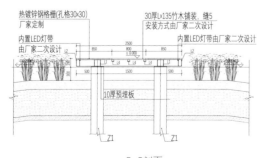

5-5剖面

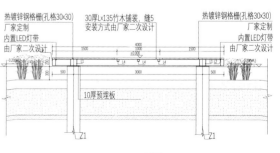

6-6剖面

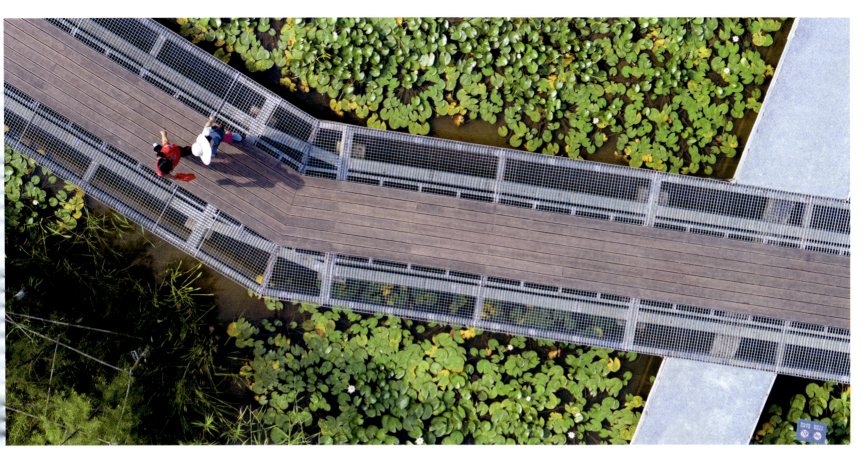

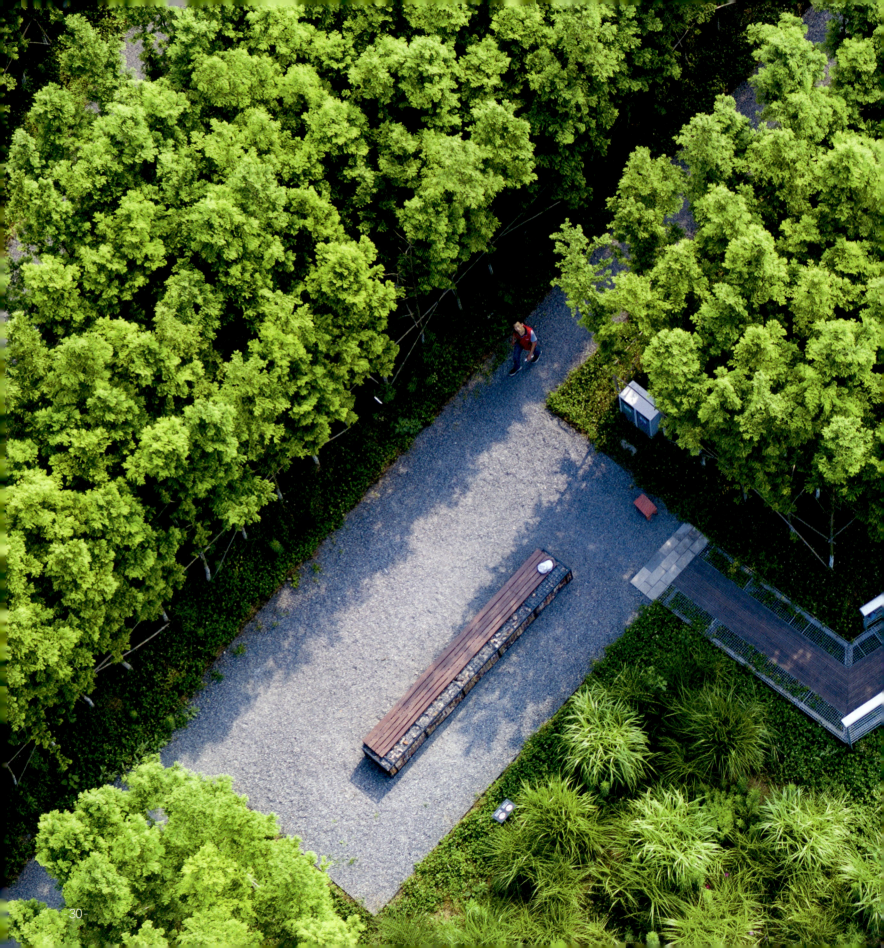

绍兴市上虞青瓷源遗址公园滨水栈道

项目位于浙江省绍兴市上虞区。上虞位于曹娥江流域的低山丘陵区，是汉六朝时期越窑青瓷的中心产地。三国西晋（后称吴晋）是早期越窑的鼎盛期，该时期窑址众多，至少有57处，瓷器品质之精湛，器类、装饰之丰富，臻于汉六朝时期的顶峰。场地现状存有8处国宝级窑址遗址，属于青瓷发源地，以东汉、三国、西晋时期窑址为主，其中尼姑婆山窑址是该时期的典型窑场。

设计提出将这片文化遗址地改造为具有科普教育意义的文化遗址公园，以改善原生的湿地生境，同时能作为城市公园，满足市民日益增长的户外游憩需求。

整体方案布局为两湖一环多点，最大限度地保留场地现有的水库、山林及遗址点，利用现有车行道作为公园主要的电瓶车道，与瓷源小镇交通对接，保证游客游憩的完整性，同时增加步行道，引导游客通往场地内的各个节点。交通组织以车行与电瓶车道为骨架，与滨水休闲栈道、山林步道及现状田埂路结合，形成了环水库，串联各文化窑址，连接各功能场地、山地体验及农业观光的多游线体系，主次分明，功能明确。

结合建筑布置公共开放空间，主要有集散广场、室外茶座、休闲平台等功能空间；结合水体布置的主要为水上及滨水栈道、滨水平台、水上挑台、游船码头、生活埠头等功能空间，同时设计相应的滨水构筑物作为视觉焦点；结合农田、山体和视线开阔地布置相应的休闲平台、休闲栈道，山顶视线开阔地设计观景亭，俯瞰整个湖区；在各窑址遗址点设计特色亭子及特色展示性构筑物，增强窑址文化特色；利用现状遗留泄洪闸设计安静的游览步道，展示对设施的利用。

桥梁基础数据

项目地点：浙江省绍兴市上虞区
设计时间：2017年2月—2017年11月
桥梁规模：总长约938m，标准跨径3m
桥面宽度：标准宽度1.5m、2.0m，局部增加观景平台
设计荷载：2.5kN/m²
上部结构：钢筋混凝土框架梁
下部结构：混凝土方柱+扩大基础
桥面铺装：现浇混凝土清水板
桥梁景观：竖条钢板+钢板扶手

总平面图

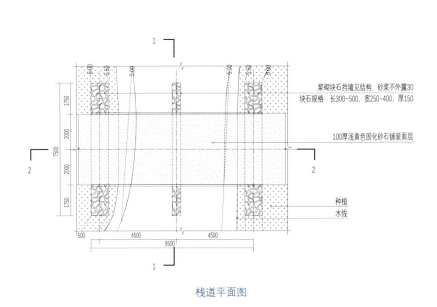

栈道平面图

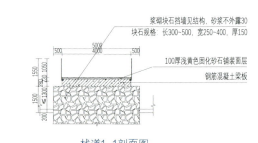

栈道1-1剖面图

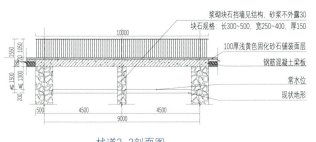

栈道2-2剖面图

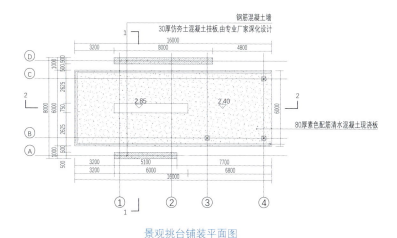

景观挑台铺装平面图

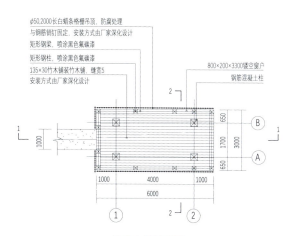

景观盒铺装平面图

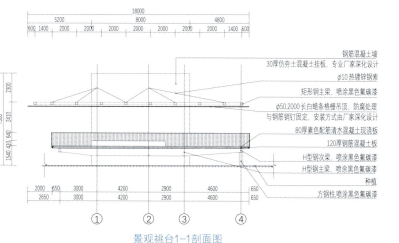

景观挑台1-1剖面图

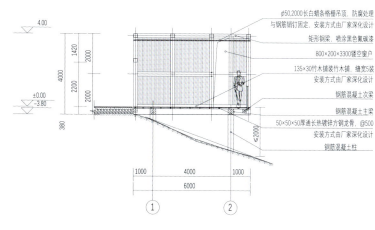

景观盒1-1剖面图

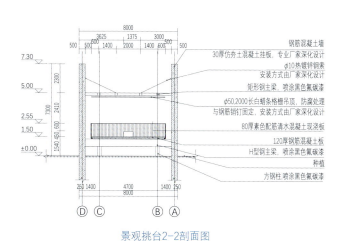

景观挑台2-2剖面图

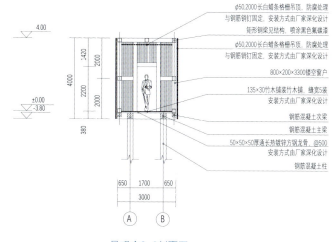

景观盒2-2剖面图

西安市樊川公园滨水栈道

樊川公园位于西安市长安区常宁新区长安大道潏河桥以东的潏河两岸，西至南长安街，公园总面积约507亩*。作为集生态修复、自然观光、休闲娱乐、人文体验功能于一体的城市公园，景观栈道是本项目的重要组成部分。

樊川公园栈桥横跨潏河，连通南北两岸，以简洁前卫的形象构成场地的视线焦点，同时也是从城市主干道进入场地内的第一形象感知。栈桥为中型规模，总长约1216m，标准跨径4m。公园南侧竖向高差较大，设计利用竖向变化设置钢结构观景平台及步行栈道，结合道路旁的不同开放空间和亲水平台，以满足周边人群在场地内聚集、休憩的需求。栈道四周种植密林，竖向高差变化较大，形成不同的栈道空间体验。

从眺望塔起，到水中岛屿止，曲折的造型形成了丰富的亲水体验。利用竖向变化设置钢结构观景平台及步行栈道，同时结合道路旁的不同开放空间和亲水平台。樊川公园建成后为当地居民带来了一条新生的河流，成为周边居民休闲娱乐、周末带娃的备选地之一，一个个美好的画面成为西安老百姓日常生活的真实写照。

桥梁基础数据

项目地点：陕西省西安市常宁新区
设计时间：2017年8月
建成时间：2020年5月
桥梁规模：总长约1216m，栈桥标准跨径4m
桥面宽度：标准宽度2m，跨越河流段宽度3m
设计荷载：2.5kN/m^2
上部结构：钢筋混凝土
下部结构：钢筋混凝土圆柱+扩大基础
桥面铺装：透水混凝土
桥梁景观：竖条钢栏杆+黄色玻璃钢扶手
　　　　　局部增加景观观景亭

---

* 1亩 ≈ 666.7m^2。

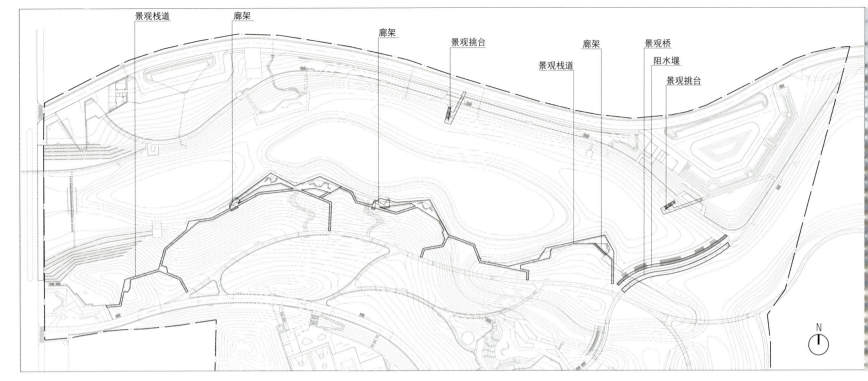

栈桥栈道总平面图

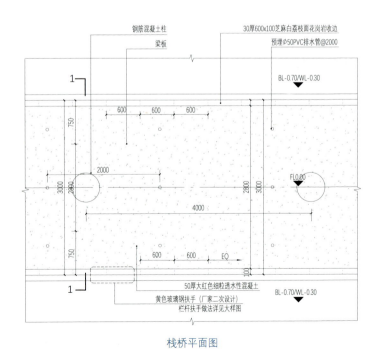

栈桥平面图

1-1剖面图

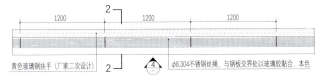

栏杆做法平面图

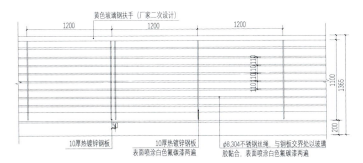

栏杆做法立面图

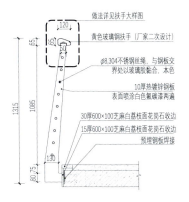

2-2剖面图

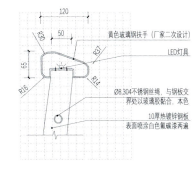

扶手大样图

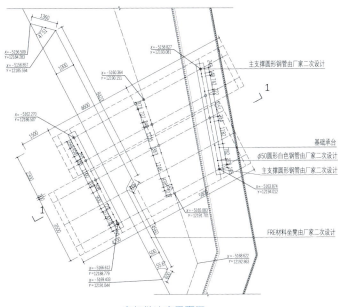

廊架做法底平面图

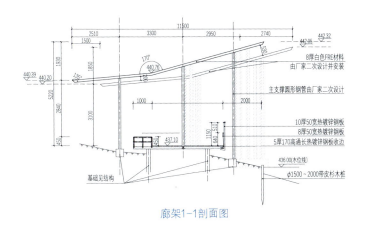

廊架1-1剖面图

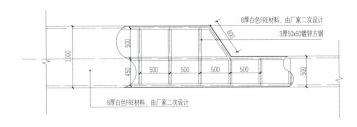

坐凳做法标准平面图

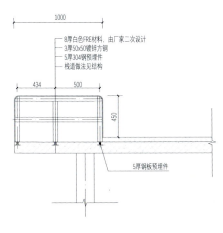

坐凳做法剖面图

-41-

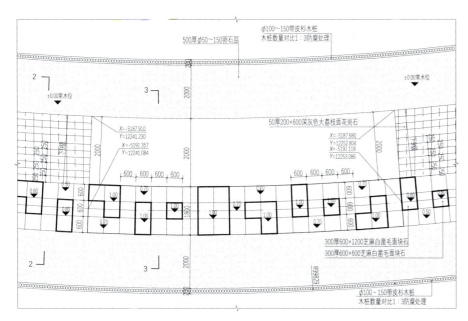

阻水堰做法放大平面图

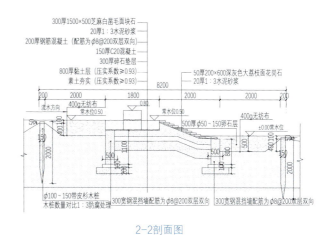

2-2剖面图

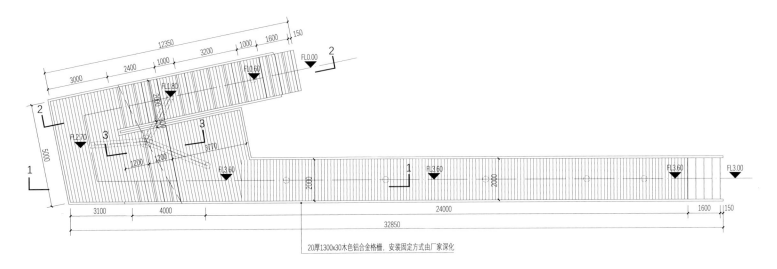

挑台做法平面图

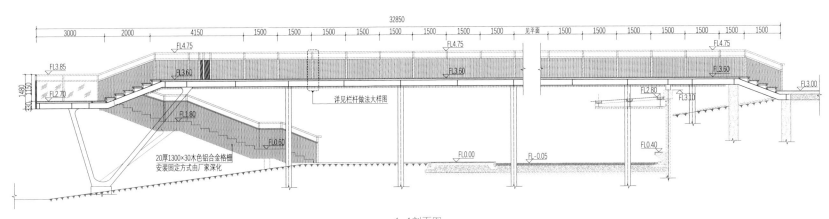

1-1剖面图

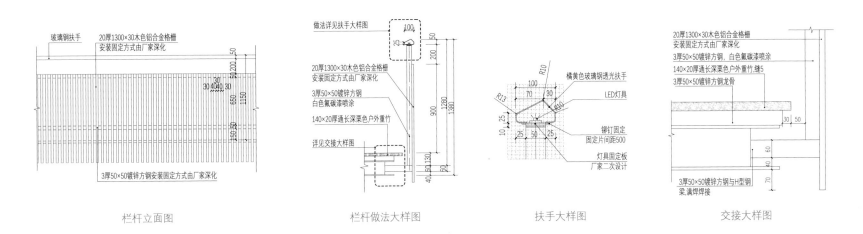

栏杆立面图　　栏杆做法大样图　　扶手大样图　　交接大样图

南昌市鱼尾洲湿地公园景观桥

项目位于江西省南昌市，南昌城始建于公元前202年，是国务院首批全国历史文化名城。《滕王阁序》中称其为"物华天宝、人杰地灵"之地。原本场地应为南昌市高新区艾溪湖候鸟通道绿廊区，但在城市发展中被四分五裂的荒芜鱼塘和遮天蔽日的粉煤灰棕地所占据。方案结合场地现状，通过分析场地特征、资源优势及面临的建设问题，在项目整体定位框架下，提出以下设计策略：生态修复策略、镶嵌式设计策略和可持续开发策略，满足人们休闲观光需求的同时修复自然生态，创造可持续的综合性景观。

湿地景观桥为中型桥梁，桥梁总长75.4m，主跨36m。鱼尾洲湿地公园总体目标是打造水上森林景观，景观桥是连接各个水上森林氧吧岛屿（水上星岛）的唯一通道，是湿地公园的重要组成节点。单跨拱形结构跨越水面，两侧顺接岛屿栈道，拱形结构中央预留净空通道，便于湿地公园后期养护管理。利用钢结构跨越能力大、结构轻盈的特点，单跨跨越水面。利用钢结构轻盈、体量较小的特点，外侧用穿孔铝板装饰，展现与周边景观相一致、协调的造型。

设计灵感来源于在水上体现星空，桥梁主体采用钢结构，外侧用穿孔铝板做装饰，内侧设置灯光，实现水上星空的设计理念。公园周边环绕了自行车道和亲水步道，环绕的步行道和平台体系为游客提供了多处通往森林岛屿的林荫通道，形成了探索湿地秘境的空间。精心布置的桥梁、平台、亭台楼阁和观景塔，是场地上独具吸引力的人气焦点。现代设计语言给这座有2000多年历史的古城带来了当下的审美自信和进步的气息。设计中，穿孔铝板是设施安装的主要材料，它与自然环境形成强烈对比，人工与自然形成了鲜明的反差之美。

桥梁基础数据

项目地点：江西省南昌市
设计时间：2019年5月
建成时间：2021年5月
桥梁规模：全桥总长75.4m，最大跨径36m
桥面宽度：净宽2.6m
桥面面积：196m²
设计荷载：3.5kN/m²
上部结构：钢管拱桥
下部结构：扩大基础
所获奖项：2022 AZ Awards最佳景观奖、环境领导力奖

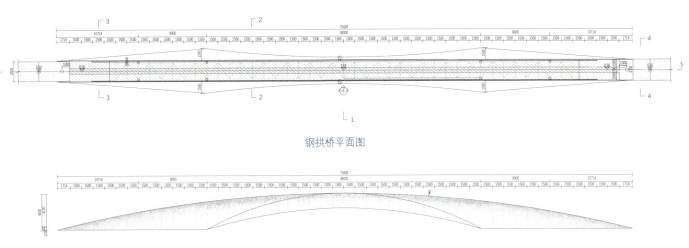

钢拱桥平面图

钢拱桥正立面图

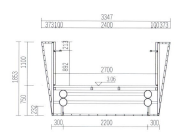

1-1剖面图

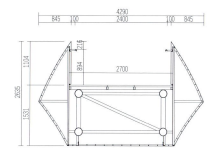

2-2剖面图

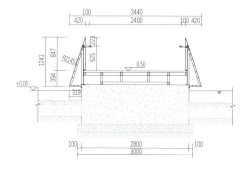

3-3剖面图

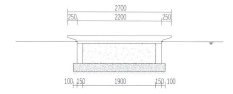

4-4剖面图

5-5剖面图

铺装平面图

哈尔滨市文化中心湿地公园滨水栈道

哈尔滨是中国东北地区的重要城市，地处松花江下游，洪泛时有发生。项目场地在江北新区，当地刚刚修建了一条可防御500年一遇洪水的防洪堤，将原属于江滩的200hm²湿地与主河道切离。湿地公园四周将修建一系列生态洼地，南部文化中心及北部城区产生的雨洪径流汇集于此并得到净化。

研究发现，场地在旱季和雨季的水位高差变化达2m，因此寻求将公共空间与弹性湿地景观相结合便成为项目成功的关键。设计师建立了6km的栈道系统，连接13个休憩平台，使人行空间与地面和湿地边缘脱离。还利用当地透水的火山沙，在高地上铺出生态友好的人行道，与湿地上的栈道一起，形成一个连续的步行网络，穿梭于树丛和草地之间，极大地丰富了游客的体验。

建成的适应性水弹性公园，通过最小限度的干预措施修建了木板道和休憩场所，轻轻地触摸大地，亲近自然而不破坏自然，满足了市民的休闲游憩需求，同时让自然休养生息。

桥梁基础数据

项目地点：黑龙江省哈尔滨市江北新区
设计时间：2010年6月
建成时间：2016年7月
桥梁规模：全桥总长约1430m，标准跨径3m、4.5m、6m
桥面宽度：标准段宽1.2m、1.5m，局部增加平台
设计荷载：人群3.5kN/m²
上部结构：钢框架梁
下部结构：圆形钢混墩柱
基础形式：钢筋混凝土方桩
桥面铺装：钢龙骨+防腐木铺装
桥梁栏杆：扁钢竖条+木扶手
所获奖项：2016 AZ Awards最佳景观奖
　　　　　2016 AZ Awards环境先导奖

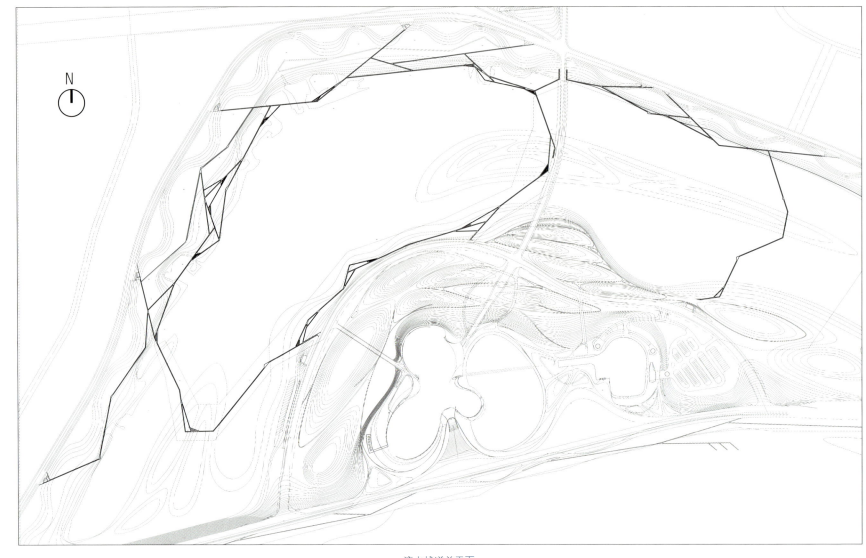

滨水栈道总平面

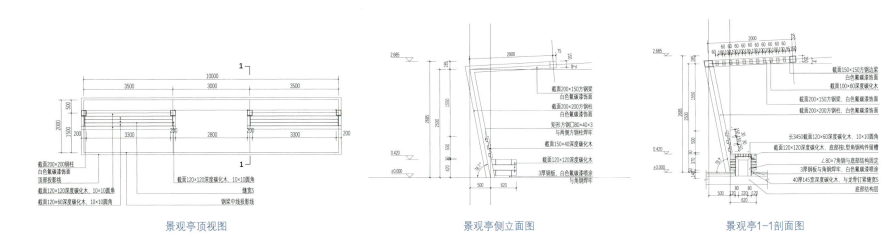

景观亭顶视图　　　　　　　　　景观亭侧立面图　　　　　　　　　景观亭1-1剖面图

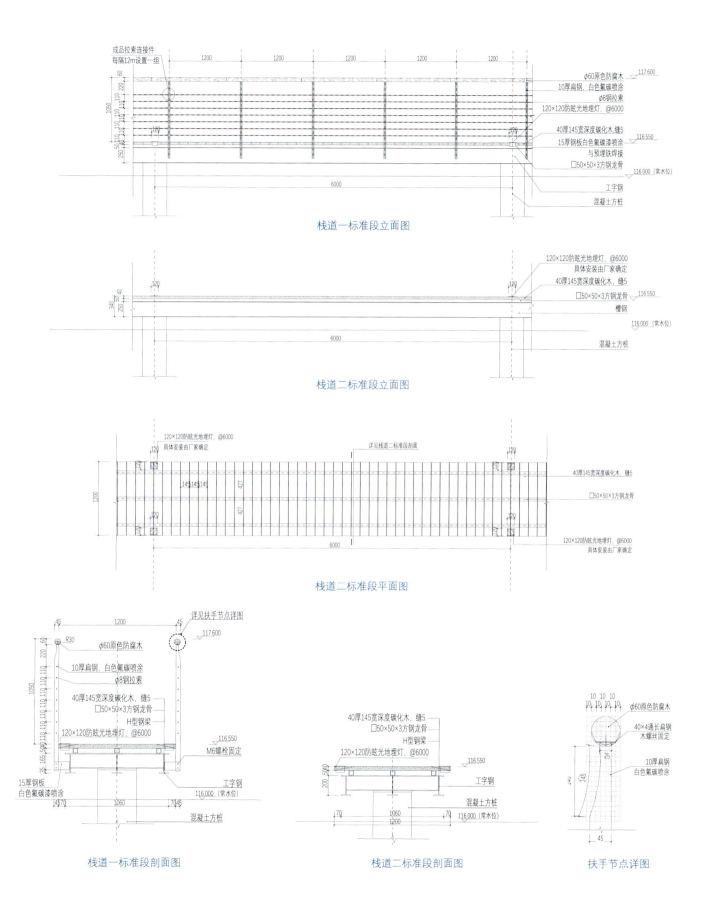

宿迁市三台山森林公园石笼拱桥与玻璃纤维栏杆桥

石笼拱桥和玻璃纤维栏杆桥同处宿迁市三台山森林公园内。三台山森林公园石笼拱桥为公园外环主路桥梁。在功能上满足公园养护车辆、观光车通行，游客慢行、骑行等需求。设计风格上沿用具有当地特色的古朴设计材料，同时融入现代的设计语言，为公园打造一处独具特色的形象地标。设计采用钢筋混凝土结构，经济，稳定性强，满足人行及车行要求；桥形上采用多拱桥形式；桥外饰面选用与衲田挡墙接近的石头，保持衲田区域内风格一致。

石笼拱桥属于中小型桥梁，桥净宽5m，桥长根据河道宽度设置，桥长54.7m。以"古朴又时尚"为核心设计理念，选用中国传统的拱桥结构形式，发扬串珠建造智慧。同时采用石笼挡墙作为外饰面装饰，保留场地记忆，"旧材新用"。桥梁设计形式和核心理念与公园郊野、自然的风格保持一致，同时深刻地表达出深邃传承、智慧发展的新时代设计理念。

作为公园主要交通道路桥梁，在满足游客慢行、骑行及电瓶车、公园管养车通行的功能需求的基础上，根据水系宽度灵活采用3孔、6孔、9孔的形式。桥梁主体结构采用钢筋混凝土，保证桥体结构的稳定性及耐久性。桥体外侧及护栏均采用石笼挡墙作为装饰，护栏部分考虑到桥梁安全，在中间增加一道钢筋混凝土墙，与桥主体连接。桥梁满足公园日常通行需求，整个桥梁形式与周边环境相互融合，同时不失设计感。

三台山森林公园内还有一座桥——玻璃纤维栏杆桥，该桥梁主要功能为园区内慢性主路，属于中小型桥梁。作为公园主要慢行道路桥梁，在功能上充分满足游客慢行、骑行及电瓶车通行的需求。秉承古朴的设计风格，并选择取之于当地的设计材料，同时融入现代的设计语言。

设计同样采用钢筋混凝土结构，经济，稳定性强；满足游客慢行、骑行及电瓶车通行需求；贯穿衲田，与环境相融合，并具有一定的设计感。

桥梁形式取象于当地传统的农家篱笆设计语言，与耐久性较好的玻璃纤维杆相结合，将桥栏杆打造为既时尚又富有乡土人情、传承场地记忆、兼具功能性与装饰性的场地构筑。利用耐久性较好的玻璃纤维杆，以农家篱笆的形式进行编制；桥栏杆立柱采用不锈钢材料，以提高安全性及耐久性。选用半人高的篱笆作为桥梁护栏装饰，不遮挡视线的同时，又兼顾郊野情趣。

桥梁基础数据

项目地点：江苏省宿迁市
设计时间：2014年12月
建成时间：2015年5月

石笼拱桥：

桥梁规模：全桥总长54.7m，分9孔，标准跨径6m
桥面宽度：标准段宽6m，净宽5m
设计荷载：城市—B级
上部结构：多孔钢筋混凝土拱涵
基础结构：整体式扩大基础
景观装饰：拱券采用深灰色火烧毛面花岗石贴面，拱桥上部桥体外挂河卵石石笼

玻璃纤维栏杆桥：

桥梁规模：多座车行桥和人行桥，标准跨径10m
桥面宽度：桥梁标准段宽车行桥4.6m，人行桥4.25m
设计荷载：车行桥：城市—B级，人行桥：人群荷载4.5kN/m²
上部结构：现浇钢筋混凝土板梁
基础结构：钻孔灌注桩基础，桩与板梁固结
景观装饰：栏杆立柱不锈钢钢板+玻璃纤维合成杆
所获奖项：2021世界标志性景观奖
2018中国建筑学会建筑设计奖园林景观专业一等奖

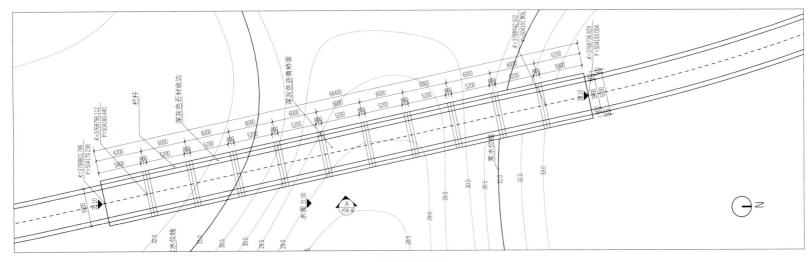

石笼拱桥平面图

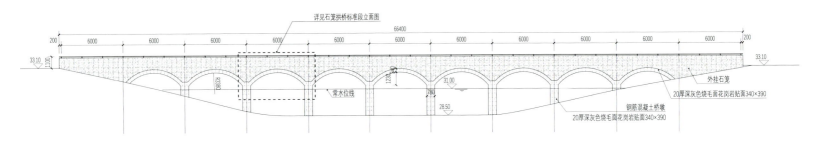

石笼拱桥立面图

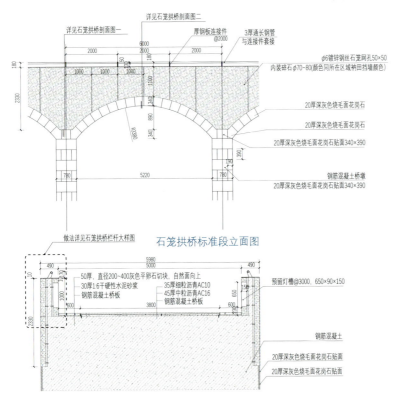

石笼拱桥标准段立面图

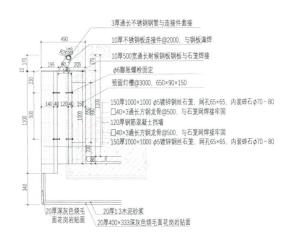

石笼拱桥栏杆大样图

石笼拱桥剖面图1

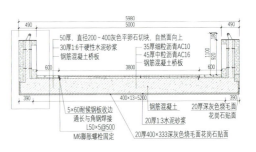

石笼拱桥剖面图2

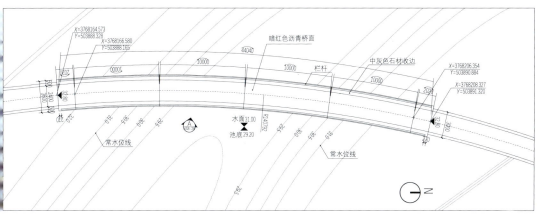

玻璃纤维栏杆桥桥位平面图

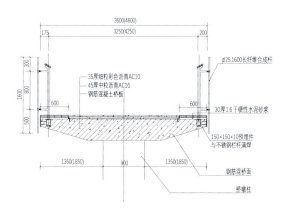

玻璃纤维栏杆桥剖面图

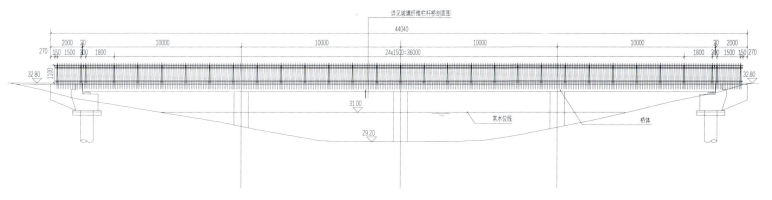

玻璃纤维栏杆桥立面图

衢州市鹿鸣公园浮桥

衢州市拥有超过1800年的悠久历史，曾因地处中国东海岸的重要战略位置而著称于世。在第二次世界大战期间，美军在1942年4月18日实施了针对东京的空袭计划，而衢州小机场曾被计划作为美军轰炸机完成任务后的降落地。

整个公园占地约32hm^2，被高强度开发的城镇所环绕，西临石梁溪，东临城市交通要道。现场地形复杂，有高地的红砂岩丘陵地貌、河滩沙洲，还有平坦的农田、灌丛和荒草，沿河岸有枫杨林带。场地中分布着一些乡土景观遗产，如乡间卵石驿道和凉亭，灌溉用的水渠和提水站。

衢州市鹿鸣公园浮桥桥梁全长约150m，标准段宽2m。桥梁设计根植于乡土景观本底，场地原有的景观基地及自然生境完整保留。红砂岩体、自然植被（包括野草和灌丛）、原有的农田水系、原有的河岸树木等均完整保留。场地的文化景观遗址，如驿道凉亭、灌溉设施也都被完整地保存下来，对它们进行修复，作为场地的文化记忆。这些自然和文化特色为景观创造出丰富的意义和特质，多层次的设计语言被巧妙融入其中。桥梁上部结构采用500mm×500mm×400mm高分子聚乙烯浮筒，桥面铺装采用宽137mm×厚20mm户外竹木地板和50mm×50mm镀锌钢龙骨。桥梁栏杆间距为700mm。

转山观景长廊蜿蜒起伏，傍山凌水，将现代都市内难得一见的"落霞与孤鹜齐飞，秋水共长天一色"美景尽收眼底。观景长廊线路最大限度地为游人提供观景、拍照的最佳视角，串联不同尺度的观景平台、休憩场地。

桥梁基础数据

项目地点：浙江省衢州市
设计时间：2014年5月
建成时间：2015年7月
桥梁规模：浮桥总长约150m
桥面宽度：标准宽度2m，净宽1.8m
桥面面积：300m^2
设计荷载：3.5kN/m^2
设计水位：常水位高程63m，桥面高程63.2m
上部结构：高分子聚乙烯浮筒
桥面铺装：镀锌钢龙骨+防腐木铺装
所获奖项：2015中国环境艺术奖金奖
2016美国景观设计师协会（ASLA）荣誉设计奖
2017 AZ Awards最佳景观奖

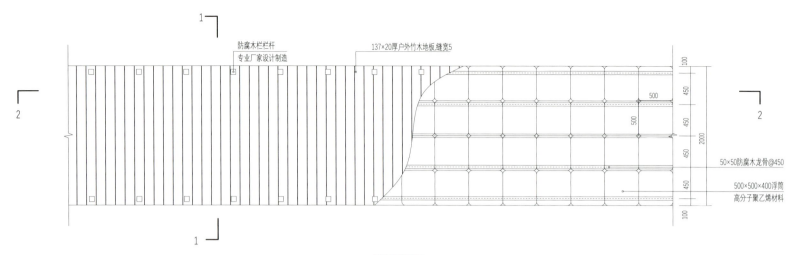

浮桥平面图

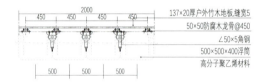

浮桥1-1剖面图

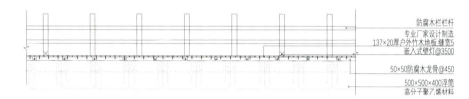

浮桥2-2剖面图

法国肖蒙中国方圆水上栈桥

本项目是2013年法国肖蒙创意园林展的作品,并作为永久作品保留。整个作品是对中国传统园林的当代解读,整体为外方内圆的形式设计,通过建立围合空间和运用小中见大的中国园林手法以及填挖方的工程技术,将当代雨水利用理念及传统造园哲学相结合,创造亲切而富有美感的观赏和体验空间。

中国庭院和栖居模式给世界作出的贡献不仅在于对意境的深入探索,更在于运用对环境的生态适应智慧。四水归明堂、财水不外流是中国民间庭院营造艺术的体现,巧妙利用雨水,化废为宝,化害为利;在艺术境界上,中国庭院试图在围合的小空间中再现自然,以人工山水、亭台楼阁、小径曲桥和花木为元素;在空间技法上,运用盒子套盒子的技术和小中见大的策略,在有限的空间中,创造无限的体验和风景。这与同时代西方园林的节点与放射视线和路径截然不同。"方圆"项目应用当代设计语言来重新解读传统中国庭院生存的智慧、处事的哲学、栖居环境的营造手法与体验的艺术,同时融入当代生态理念,包括雨洪利用的理念。

曲线形的木栈道对角穿越方形水池,漂浮于水面。小栈道仅50cm宽,容一人穿行。它是"圆"的符号,也是体验水池无限风光的路径。水池中间是三丛红色竹竿,它们取自四周竹林的老竿,是可再生的材料。垂直的竹竿丛沿木栈道分布,令行走在栈道上的游客体验穿越的快感。垂直的竹丛倒映于水中,与变换的天景相辉映,创造出宁静和深远的氛围。虽然水深只有30cm,却通过垂直向天的红色竹竿,创造出无限深远的感觉。"方圆"周边和水中植物全部为中国植物,渲染出浓郁的中国气氛。

方与圆,直与曲,饱和的红色与变换的水色和天空,生机勃勃的绿色竹丛与刺向天空的红色竹竿,从元素到空间,"方圆"让人体验到的是中国:中国人关于雨和水的智慧,关于栖居环境营造的智慧,以及关于人和自然关系的智慧;是传统的中国,更应是当代的中国!

桥梁基础数据

项目地点:法国肖蒙
设计时间:2013年2月
建成时间:2013年5月
桥梁规模:总长约30m
桥面宽度:0.5m
池水深度:0.3m
主体结构:木栈道
装饰材料:竹林老竿

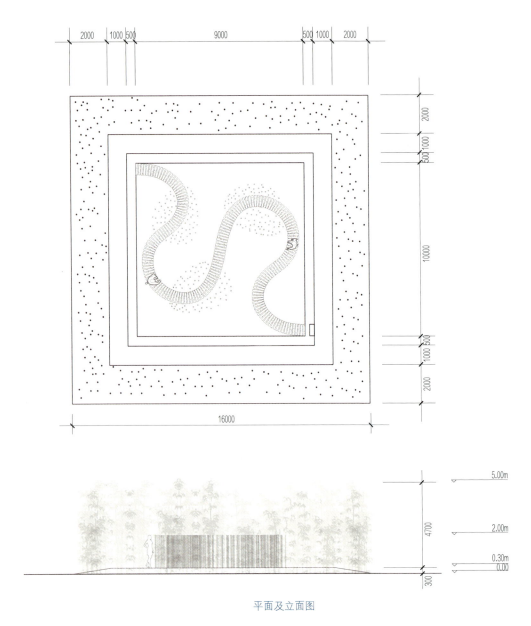

平面及立面图

公园栈桥
空中的游憩体验场所

西安市雁南公园空中栈道

雁南公园景观廊桥位于陕西省西安市。场地周边有大型居住楼盘，以及配套的教育卫生和大型商业设施、地铁站点，交通便捷，是人员密集区，公园临近曲江新区、高新产业区、长安文教科研区、电子城人员密集区，周边有规划的居住用地及教育卫生等配套用地和大型商业用地，并紧邻规划区政府新址，服务周边，辐射全市。廊桥以慢行功能穿插，城市阳台满足市民多种休闲复合活动需求，与公园花海湿地游赏区、台塬坡谷运动休闲区、生态涵养区、城市公共服务功能区相结合，为市民提供生态科普、休闲观光、文化娱乐等活动。

全桥总长1430m，标准段通行净宽3m。桥梁上部结构采用300mm×400mm方钢主梁钢框架，下部结构采用250mm×400mm矩形钢墩柱，基础采用直径400mm灌注桩基础。

桥面铺装采用2900mm宽的制压型钢板，表面铺设130mm厚的清水混凝土铺装面层。两侧栏杆高1050mm，为竖条格栅栏杆，采用5mm厚、40mm宽的扁钢结构，表面采用白色氟碳喷涂；采用50mm×80mm原色竹木扶手，在出入口或节点设置长750mm、宽167mm喷砂不锈钢标识牌。

白天，景观廊桥是周边上班族休憩、运动的城市阳台；夜幕降临，置身廊桥之上，可享受沉浸自然、远眺城市繁华夜景的美妙。

桥梁基础数据

项目地点：陕西省西安市
设计时间：2016年6月
建成时间：2019年6月
桥梁规模：全桥总长约1430m，标准跨径10m
桥面宽度：标准段宽3m
设计荷载：活荷载2.5kN/m^2
桥梁结构：上部钢框架结构+钢墩柱+灌注桩基础
桥面面积：5891m^2

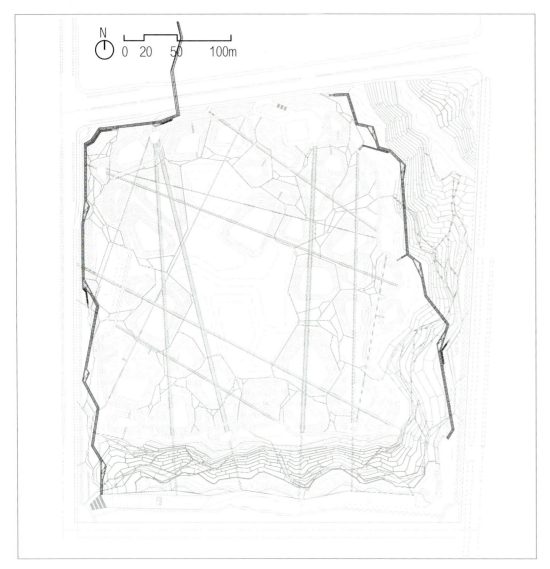

栈道（一期）总平面图

台阶横剖面图

台阶纵剖面图

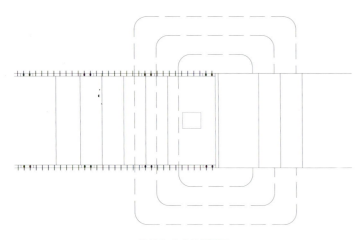

栈道台阶端头平面图

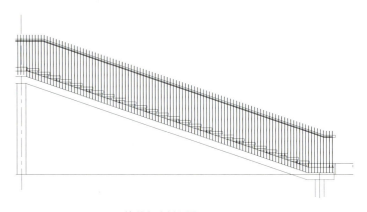

栈道台阶侧立面图

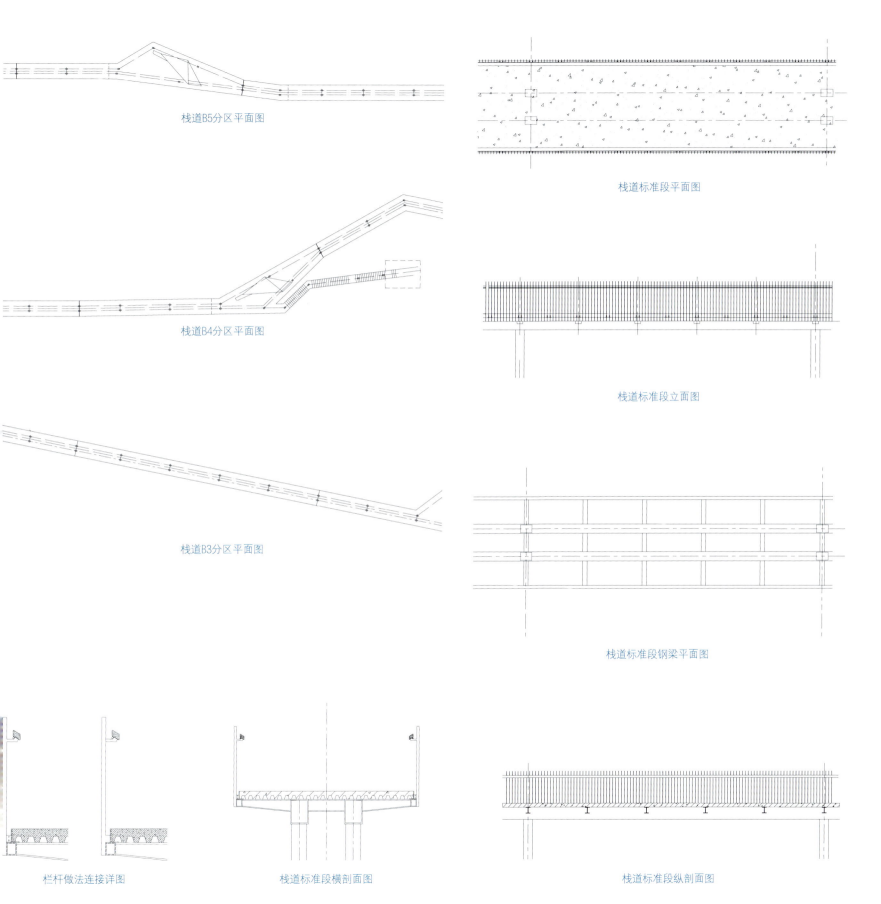

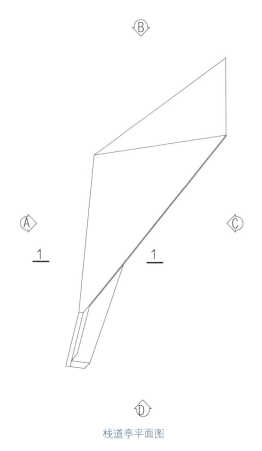

栈道亭平面图

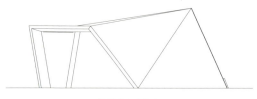

栈道亭立面图A

栈道亭立面图B

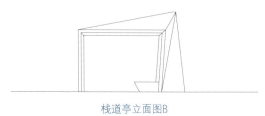

栈道亭立面图C

栈道亭立面图D

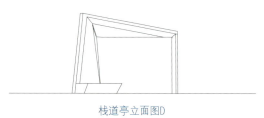

栈道亭1-1剖面图

嘉兴市西南湖空中栈道

嘉兴市位于中国的东海沿岸，位于杭州、苏州和上海3个城市之间，是一座人口超过150万的城市。市中心有一处植被茂密的绿色空间，称为西南湖公园。虽然占地面积5km²的南湖风景区每年接待超过1000万游客，但西南湖公园在功能上被周边社区和城市繁荣的旅游区所孤立。

空中廊桥构建了一处漂浮在现状完好的湿地和森林之上的公共空间。设计不仅保护了这个重要的城市自然岛屿免受大量游客的影响，同时还对场地自身进行了优化，有助于满足当地社区的休闲需求和不断增长的区域旅游需求。设计构建的"天空之网"与咖啡馆、商店、游乐设施、凉亭以及其他服务设施融为一体，成为一处漂浮在树冠之上的真正的公共空间。

总长约2.4km的"天空之网"，向东穿过铁道连接旅游区，向西穿过水面来连接社区。更难得可贵的是，尽管"天空之网"穿过茂密的森林树冠，但在建设过程中没有任何一棵原生树木被砍伐。空中廊桥平均高出地面4~5m，宽3m，树木从两侧拔地而起，穿过步道表面生长，营造出一种让游客身临其境的氛围。钢制的廊桥桥身被漆成鲜红色，与周围铺天盖地的绿色形成生动的对比。

儿童游乐场、咖啡馆、书店、亭子和休息点被整合到空中走廊的网络中。其中一个游乐场是一个悬挂在树冠上的蹦床式网，附近配有家长休息座椅，父母和孩子们可以密切互动。在部分节点，游客可以透过强化的玻璃地板直接看到脚下5m处的地面。一个可以通过手机访问的导览系统，帮助游客更多地了解树冠中的自然生命和城市的天际线，并为困在城市街道的平坦和狭窄空间的居民提供一个新视角。

在树冠和网络之下，重新设计的干预措施包括将水引流到人工湿地中，从而展示城市自然可以提供的水过滤服务；楼梯将空中走廊与路径网络连接起来，为游客在"混乱"的树丛和湿地中提供沉浸式自然探索体验。

事实证明，"天空之网"公园取得了巨大的成功。公园于2021年1月开放，开放后的第一个月，每天的游客访问量就增长到了10万人次。开园第一年，这个曾经与世隔绝的废弃绿地就成为该市访问量最大的区域之一。

桥梁基础数据

项目地点：浙江省嘉兴市
设计时间：2020年5月
建成时间：2021年7月
桥梁规模：全桥总长2363m，最大跨径30m
桥面宽度：标准段宽3m，最宽处10m
桥面面积：9712m²
设计荷载：人群4.5kN/m²
上部结构：等截面连续钢箱梁
下部结构：异型钢墩柱+承台+PHC桩

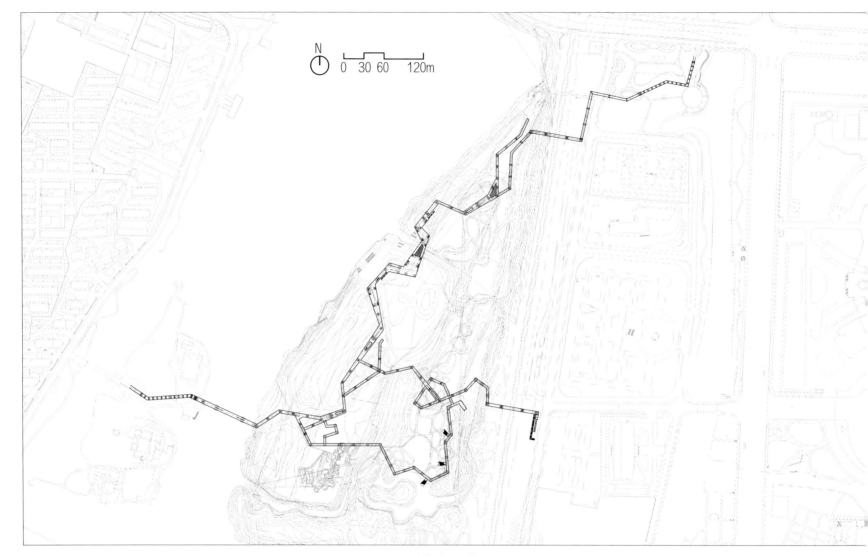

空中栈道总平面图

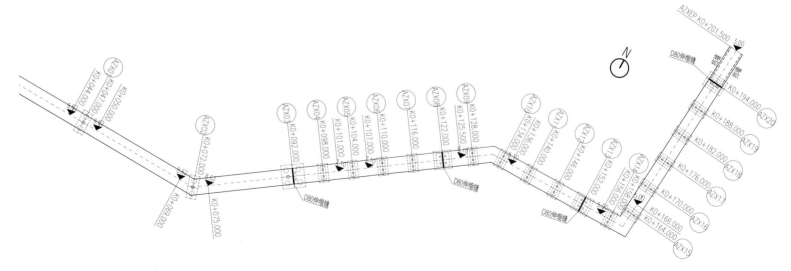

栈道分区平面图

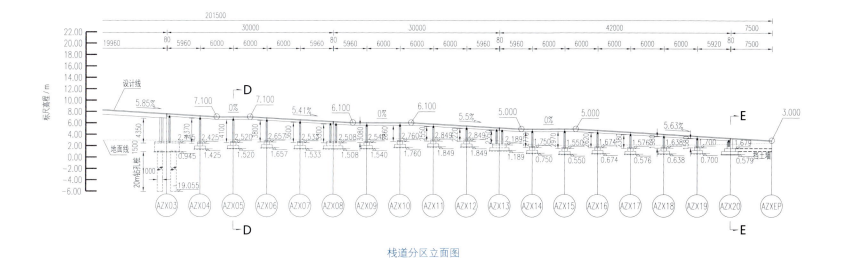

栈道分区立面图

栈道A-A剖面图

栈道B-B剖面图

栈道D-D剖面图

栈道E-E剖面图

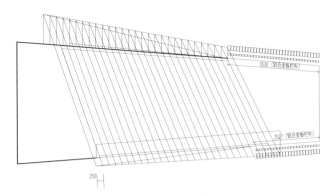

景观亭平面图

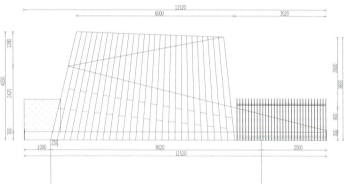

景观亭立面图1

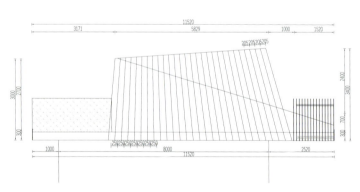

景观亭立面图2

景观亭剖面图

金华市兰溪扬子江海绵公园空中栈道

扬子江位于浙江省金华市上华片区，地处金、衢两江交汇处，地势较平坦，为一条内河。设计面积约为48.52hm²，河长约5km，河床均宽约60m。金华市兰溪扬子江生态公园旨在成为一个缓解内涝、蓄积雨水的海绵公园，一个保护植被地貌、恢复营造自然滩涂湿地环境的生态保育公园。与上位规划衔接，利于未来城市开发建设。设计重点打造了两个景观节点——兰荫凉谷段和行知南路段至330国道段。

空中廊桥位于兰荫凉谷段。兰荫凉谷段因地处扬子江与衢江汇水口，是连接老城与兰湖度假区的重要节点，是上华新城的活力展示区，是打造横山旅游湿地景观的亮点工程段。为保留现状河谷风貌，设计在河谷上搭建了立体景观步道（兰桥），从兰溪市花兰花的造型提取元素设计，以衢江路和330国道交叉口为起点发散到衢江堤顶路上。设计采用竹木铺装等生态景观材料，步适宽度控制为3~10m，景观立体步道下面为原始现状地貌，供生物栖息，交通游憩和美观有机结合。

漫步于美丽的扬子江畔，橘红色的空中廊桥蜿蜒推进，滨水平台和栈道通向公园深处，栈道与水生植物搭配，共同构造出海绵城市体的共生性。

桥梁基础数据

项目地点：浙江省兰溪市
设计时间：2016年1月
建成时间：2019年5月
桥梁规模：全桥总长2682.6m，标准跨径4m
桥面宽度：标准宽2.5m、3m、8m、9m、10m
桥面面积：8921m²
设计荷载：2.5kN/m²
上部结构：连续钢框架
下部结构：方形钢墩柱+钻孔灌注桩基础

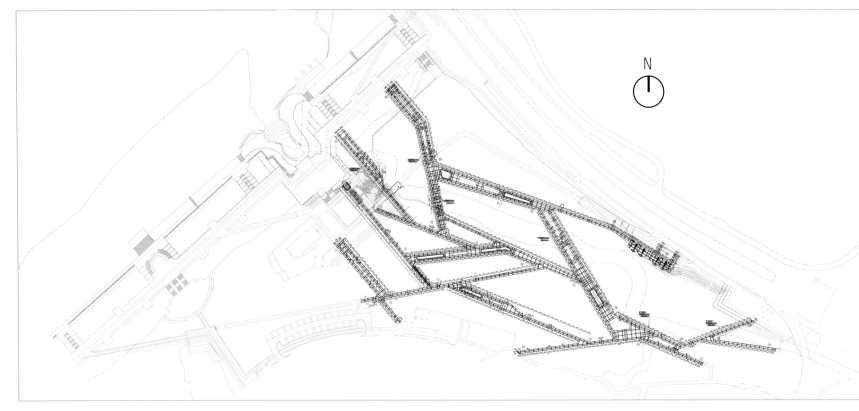

空中廊道总平面图

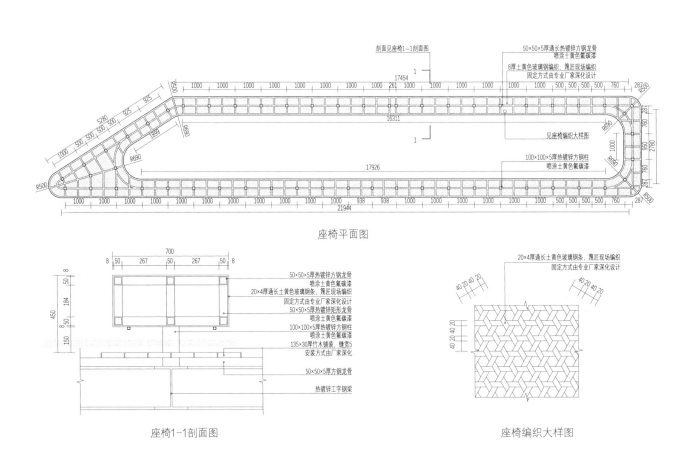

座椅平面图

座椅1-1剖面图

座椅编织大样图

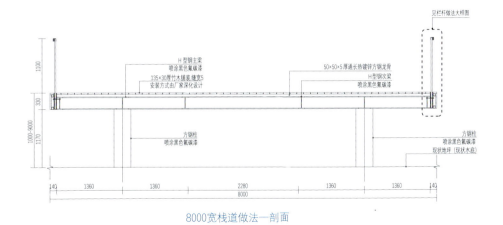

8000宽栈道做法一剖面

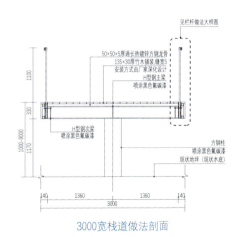

3000宽栈道做法剖面

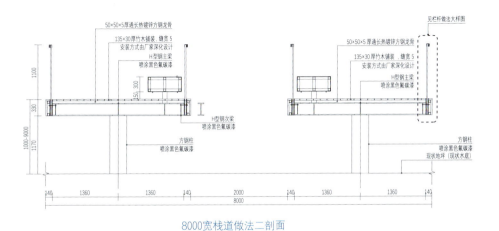

8000宽栈道做法二剖面

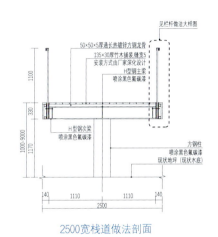

2500宽栈道做法剖面

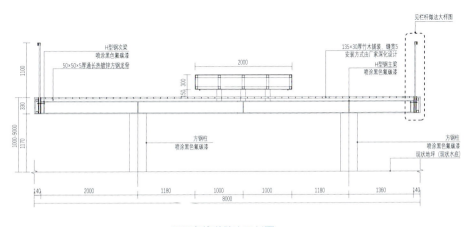

8000宽栈道做法三剖面

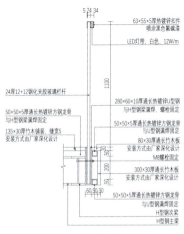

栏杆做法大样图

宿迁市三台山森林公园空中廊桥

三台山森林公园是宿迁市重点打造的城市风景旅游地，是一座集自然山水观光、文化艺术体验、森林休闲度假、科普教育、运动健身功能于一体的综合性森林公园。空中桥梁纵跨景区，为公园内的核心景观构筑物。桥全长2266m，最大跨径20m，标准段净宽3~6m，桥梁共有8处匝道，匝道宽2m。桥梁上部结构采用0.6m高钢箱梁，钢箱梁表面采用灰色氟碳漆；桥梁下部结构采用Y型钢柱；基础采用扩大基础。

针对场地现状地势平坦、无视觉焦点的核心挑战，结合园区主体台地式景观的设计语言，吸取当地传统智慧，打造一条绚丽如虹的空中廊桥，为场地提供核心视觉焦点的同时，丰富场地游憩体验。桥体大部分贴地设计，匍匐于花丛中，局部高架，提供观景高点，打造多样的观景体验。廊桥与自行车道线路重合设计，恰好成为其荫棚，桥上桥下同时形成复合的休憩游览空间。廊桥凌驾于空中，宛如水袖，在花田中部形成制高点，能够一览全景，同时为平坦的景区打造视觉焦点。

空中廊桥是穿梭于园区的灵巧针线，将广阔无垠的衲田花海缝合在一起。蜿蜒流畅的整体线条给人以"势如山、形如虹"的空间感受。红黄色系渐变的桥身，与春夏时节廊桥周边的绚烂田园花海交织在一起；秋冬来临，它又化身为青山碧色空间中一抹夺目的亮色。廊桥的形态与色彩不仅营造出贯穿四季的视觉效果，同时为景区创造了丰富的游览体验空间。桥梁高度设计在满足桥下通行、保证桥体完整美观的基础上，创造了"匍匐""漂浮"和"悬浮"3种距地高度，为景区提供了更多立体空间变化与落地亲地空间。

桥面采用防腐木铺装，于桥梁宽度较宽处设置坐凳，坐凳外侧表面以防腐木包裹；桥梁栏杆采用不锈钢立柱和铝合金扶手，高1.1m，扶手弧度和桥梁弧度一致；桥梁栏杆外侧采用不同弧度的铝合金竖条装饰，铝合金装饰竖条高低起伏、高度不同，颜色进行渐变设计处理。利用桥体线条走向与桥梁距地高差的变化组合，共同形成"在花间""在路上""在云里""在径前""在池中""在溪边"6种空间模式，为游人创造了不同的亲地体验。空中廊桥不仅作为空中通行、观赏的通道，同时通过桥体宽度变化，形成景观平台，供游人停留、休憩、玩赏。平台上设置坐凳，摆脱桥梁传统形象和功能，形成可坐、可躺、可倚、可站，有照明、有解说，可供独自赏景冥思、也可供众人聚集交流的桥上空间，成为孩子理想的趣味空间与成人的休憩之所。

桥梁基础数据

项目地点：江苏省宿迁市
设计时间：2014年12月
建成时间：2015年5月
桥梁规模：全桥总长2266m，最大跨径20m
桥面宽度：标准段净宽3~6m
桥面面积：8602m²
设计荷载：人群4.5kN/m²
上部结构：等截面连续钢箱梁
下部结构：Y型钢柱
景观装饰：铝合金异型竖条装饰
所获奖项：2021世界标志性景观奖
2018中国建筑学会建筑设计奖园林景观专业一等奖

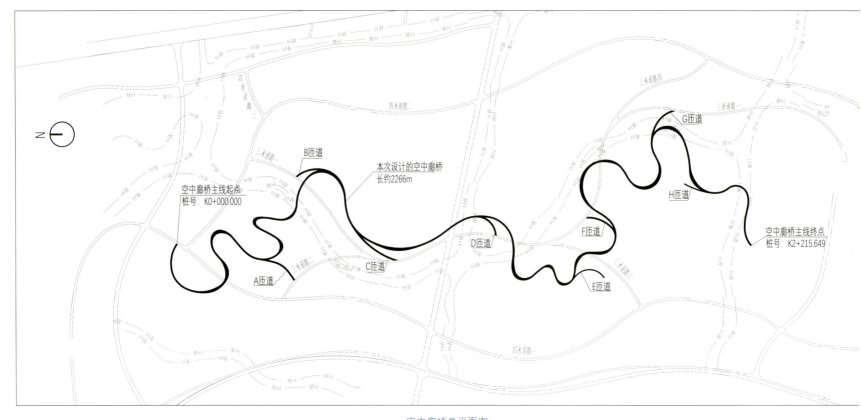

空中廊桥总平面图

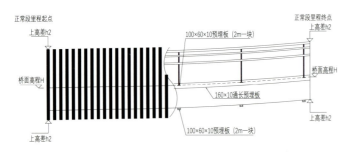

标准段装饰立面图

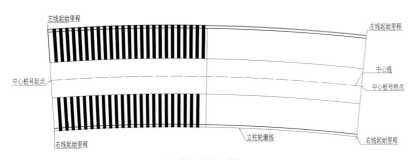

标准段装饰平面图

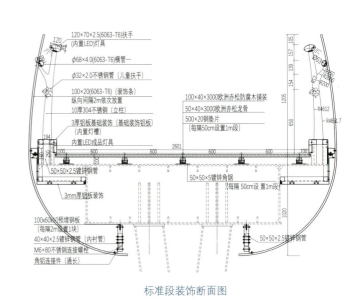

标准段装饰断面图

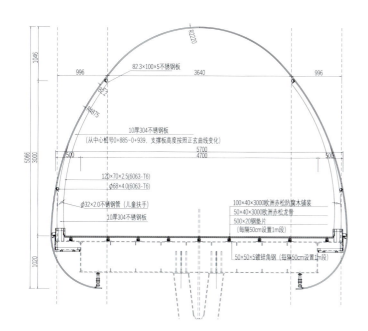
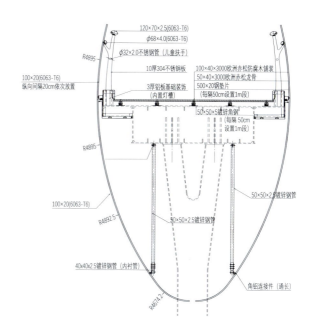

变化段装饰断面图

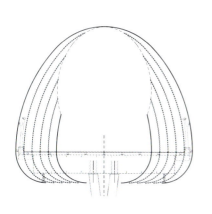
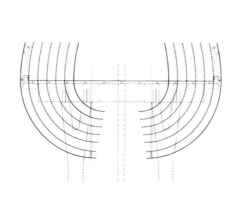
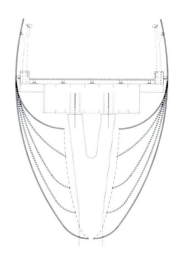

弧形渐变段装饰断面图

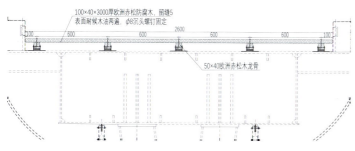
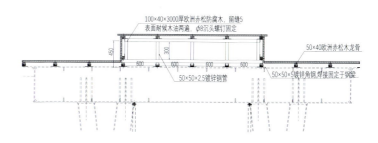

防腐木铺装节点图（梁横截面）　　　　防腐木坐凳节点图（梁横截面）

-113-

哈尔滨市群力湿地公园空中栈道

群力公园是我国较早以解决城市内涝为目标建设的雨洪湿地公园，它位于哈尔滨市的东部新城——群力。2006年群力新区开始建设，总占地面积2733hm²。公园落成后，周围有3200万m²居住区随之建成，约30万人在那里居住。

在人工湿地系统与地形系统之上架设环跨场地外围的空中栈桥，形成科普游览路线。空中栈桥联系着两处观景塔、6个主题观景盒及多处湿地观景台，形成形态丰富的空中体验廊道。空中栈桥设置在场地外围，有效地控制了观赏原生湿地的进入尺度，形成了湿地公园的观景界线。

空中栈桥架空于场地之上，时而穿行于地形泡的丛林中，时而置身于湿地泡之上，形成从各个角度观看湿地的空中连续景观走廊；同时，空中栈桥具有科普教育功能，可以让人们在观赏的同时了解并认识湿地；观景塔分别位于场地的西北角和东南角，是湿地公园的标志性构筑物，为人们提供了观看原生湿地景观的最高视点，可以俯瞰湿地内部，同时可以用于科学监测与观察。

观景台是在空中栈桥的转折处放大形成的三角形场地，有廊架、坐凳两种形式，是供观赏人群休息的平台。廊架观景台位于地形泡之上，地形上的密林空间使场地具有一定的幽静感，是人们安静休息的观赏场所；坐凳观景台置于湿地泡之上，环境开敞，形成开放式的观赏空间。

桥梁基础数据

项目地点：黑龙江省哈尔滨市
设计时间：2009年6月
建成时间：2011年12月
桥梁规模：全桥总长约952m，标准跨径4.5m
桥面宽度：标准段宽2.5m，局部宽度渐变为5m
设计荷载：人群3.5kN/m²
上部结构：钢框架梁
下部结构：圆形钢墩柱
基础形式：混凝土扩大基础
桥面铺装：钢龙骨+防腐木铺装
桥梁栏杆：扁钢竖条+木扶手
所获奖项：2012美国景观设计师协会（ASLA）杰出设计奖
　　　　　2012国际建筑奖
　　　　　2015国际能源奖中国国家奖

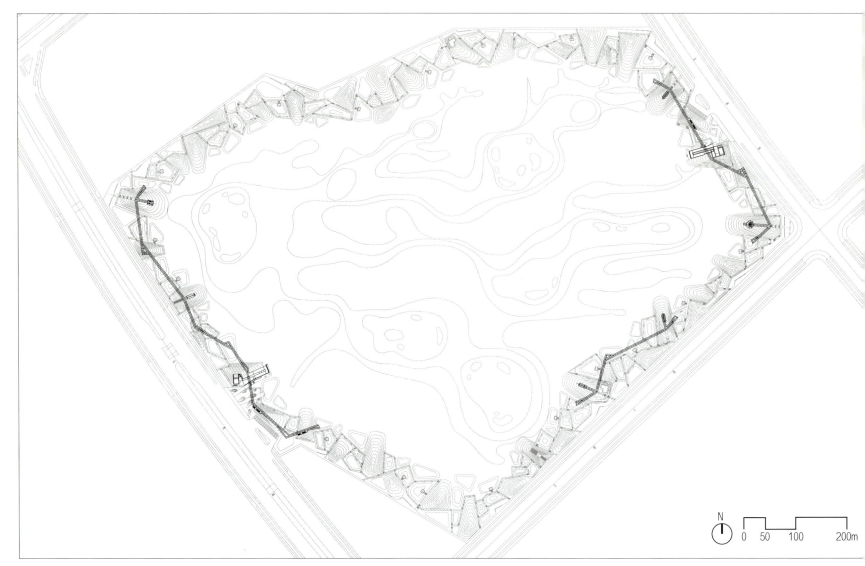

空中栈道总平面图

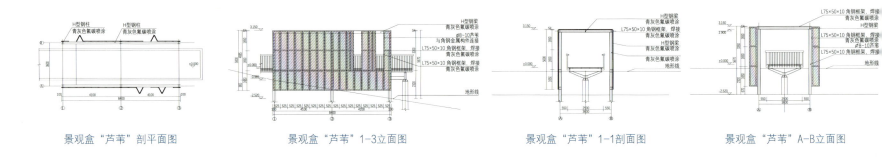

景观盒"芦苇"剖平面图　　　景观盒"芦苇"1-3立面图　　　景观盒"芦苇"1-1剖面图　　　景观盒"芦苇"A-B立面图

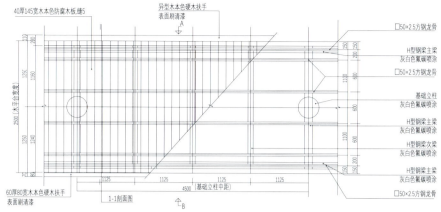

栈道标准段剖平面图   1-1剖面图

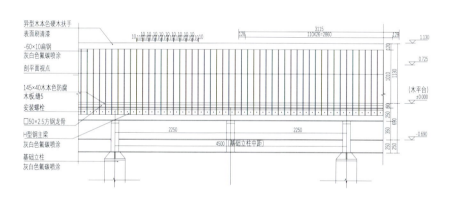

栈道标准段A立面图   扶手一剖面大样图一

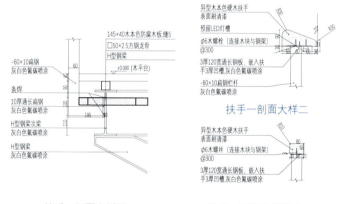

扶手一剖面大样二

扶手一剖面大样图三

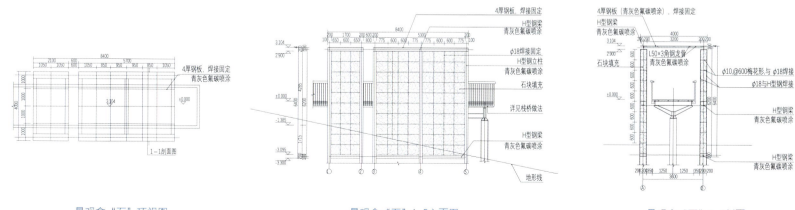

景观盒"石"顶视图   景观盒"石"1-5立面图   景观盒"石"1-1剖面

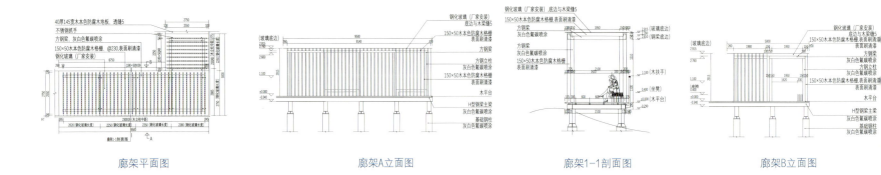

廊架平面图　　　　　　廊架A立面图　　　　　　廊架1-1剖面图　　　　　　廊架B立面图

衢州市鹿鸣公园空中廊桥

衢州鹿鸣公园位于衢州市西区石梁溪西岸，处于拥有250万人口的衢州市新城中心（商业、行政中心）之核心地段，是高密度城市建筑之中的一片"绿洲"。

空中廊桥的体验注重山水，以栈桥、步道系统及多处亭台，组成环形的游览网络，为游客创造丰富的景观游赏体验。场地中遗留的凉亭，原是为田间劳作的农人提供午餐和供其休憩的地方，给公园的凉亭设计带来了启发，使它们具有乡土特征。此外，整套步道网络漂浮于斑斓的景观之上，移步异景，成功地将生产性植被和绚丽的自然风光转变成游客可直观体验的多层次的互动游赏对象。遵循人的体验，设计了一个完整的解说系统，讲述场地自然与人文的故事。

桥面铺装采用宽137mm×厚20mm室外栗色竹木地板和镀锌钢龙骨；桥梁栏杆采用宽60mm、厚8mm竖条钢片栏杆，栏杆外以白色氟碳喷涂，栏杆顶部采用120mm×40mm异形栗色防腐木扶手。对于桥梁照明，在栏杆底部每隔4m设置艺术壁灯。

在风和日丽的日子里，景色尤为动人：繁茂的花草之上、高架的凉亭里是欢快嬉戏的孩子们；少男少女们在花海中甜蜜地互诉衷肠；新人们在田野里盛装摄影留念；父母带着幼子漫步；耄耋夫妇相扶于廊桥之上，眺望正拔地而起的高楼大厦。

桥梁基础数据

项目地点：浙江省衢州市
设计时间：2014年5月
建成时间：2015年7月
桥梁规模：全桥总长约658.6m，最大跨径18m，标准跨径16m
桥面宽度：净宽2~6m
桥面面积：2572m^2
设计荷载：4.5kN/m^2
上部结构：连续钢框架
下部结构：异型钢墩柱
所获奖项：2015中国环境艺术奖金奖
2016美国景观设计师协会（ASLA）荣誉设计奖
2017 AZ Awards最佳景观奖

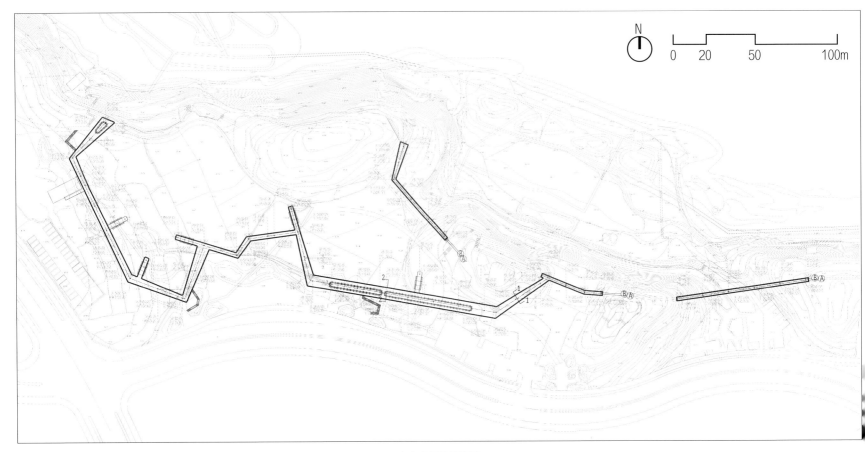

空中廊桥总平面图

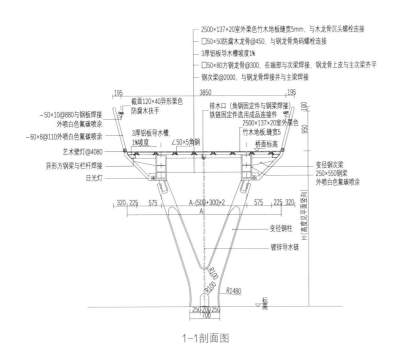

1-1剖面图

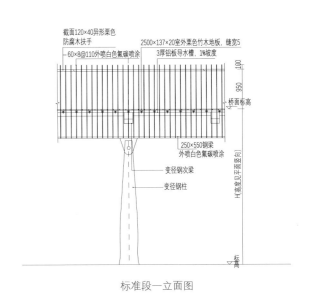

标准段一立面图

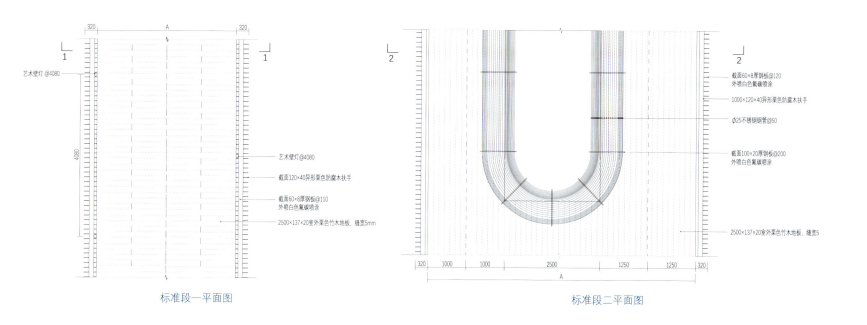

标准段一平面图　　　　　　　　标准段二平面图

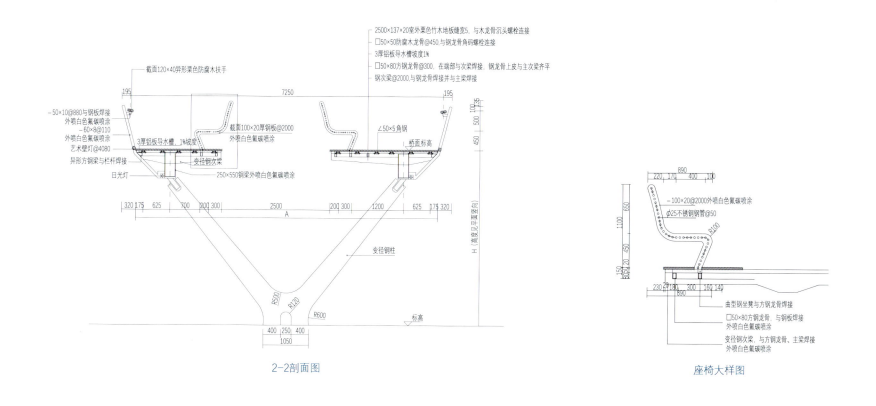

2-2剖面图　　　　　　座椅大样图

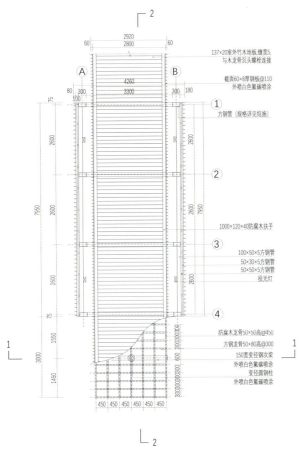

景观盒平面图

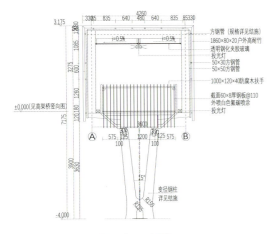

景观盒A~B立面图

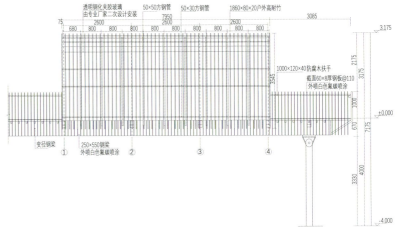

景观盒1~4立面图

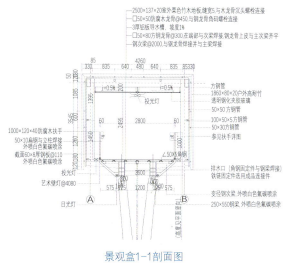

景观盒1-1剖面图

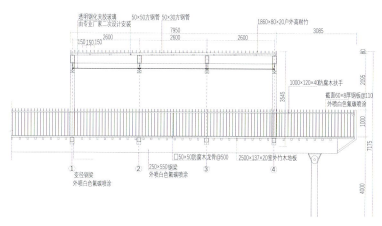

景观盒2-2剖面图

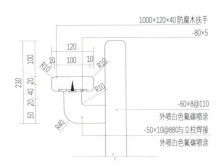

扶手连接大样图

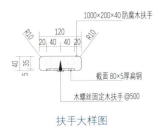

扶手大样图

宜昌市运河公园空中伞廊

宜昌运河公园总占地面积12hm²，位于丘陵山地中的洼地，原为12个废弃的鱼塘。经过巧妙的设计，鱼塘成为水体净化器，并引入林丛、栈道、廊桥和亭台，通过最少的干预，使之成为新城的"生态海绵"，净化被污染的运河的水体，缓解城市内涝，保留场地记忆，同时为周边居民提供了别具特色的休憩空间。

公园的一大特色是有一座高空廊桥贯穿公园，廊桥充分利用了城市道路与公园的高差，给游人一种独特的体验。其间穿插一些坐落于关键地点的平台和风雨亭并有两座高塔。它们利用局部的地形，或探入鱼塘，或依偎高坡，成为点睛之处，在本来单调的鱼塘肌理上，创造了有趣的体验空间。从纵向上，湿地在下，水体清澈，廊架悬于湿地之上，行走在廊上，仿若误入画境，享受微风与树木的清新，上方为红黄相间的装饰，为游人提供更新奇的空间感。横向上，密集的树丛与宽敞的运河交织，行走其间，或隐匿其中，或豁然开朗，游人有一种独特的体验。

白昼，高处的赤色伞廊如同灯塔，彰显着运河公园的独特；夜幕降临，灯塔上亮起暖黄色的光，指引人们回家的方向。春夏，红色的装置与苍绿形成鲜明的对比，就好像生命的热烈；秋冬，红黄相间的构筑融于红黄交织的树叶中，如同生活的细水长流。运河公园建成后，深受市民喜爱。

桥梁基础数据

项目地点：湖北省宜昌市
设计时间：2009年9月
建成时间：2010年10月
桥梁规模：全桥总长约410m
桥面宽度：标准段宽3m
设计荷载：人群3.5kN/m²
上部结构：钢框架
下部结构：圆形钢墩柱

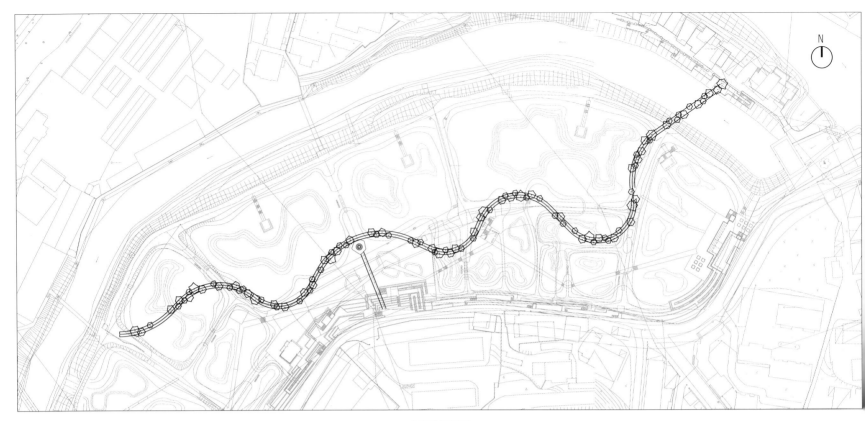
伞廊总平面图

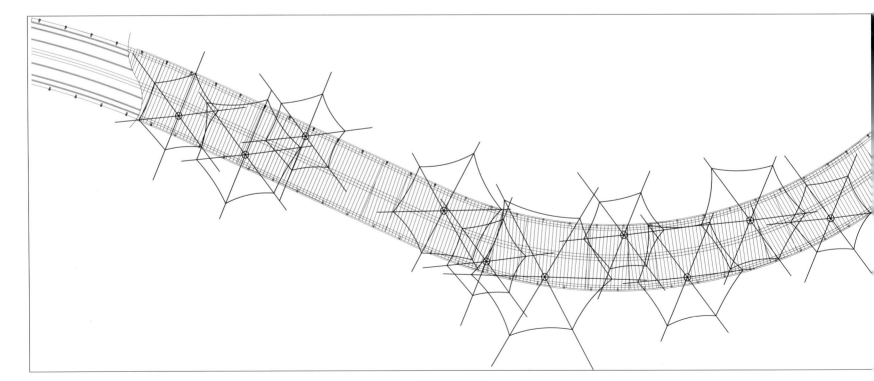
伞廊栈桥平面图

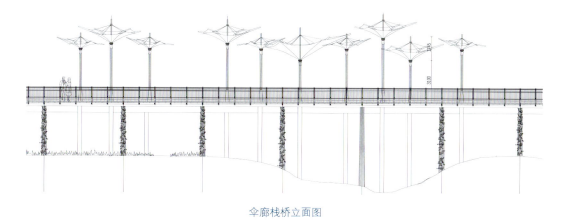

伞廊栈桥立面图

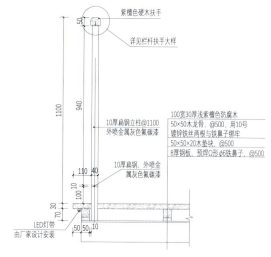

栏杆做法详图

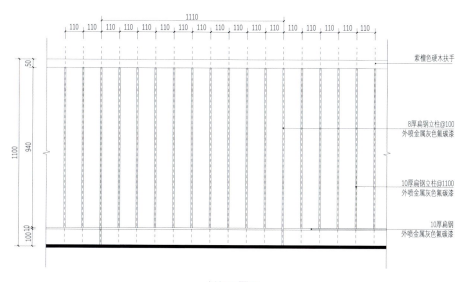

栏杆立面图

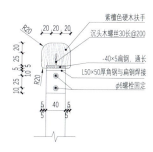

栏杆扶手大样图

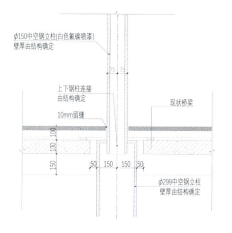
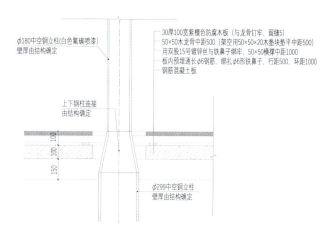

钢柱与桥面交接

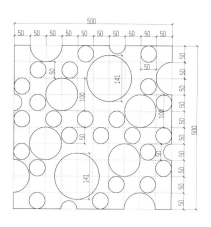

伞片单元网片大样图

-141-

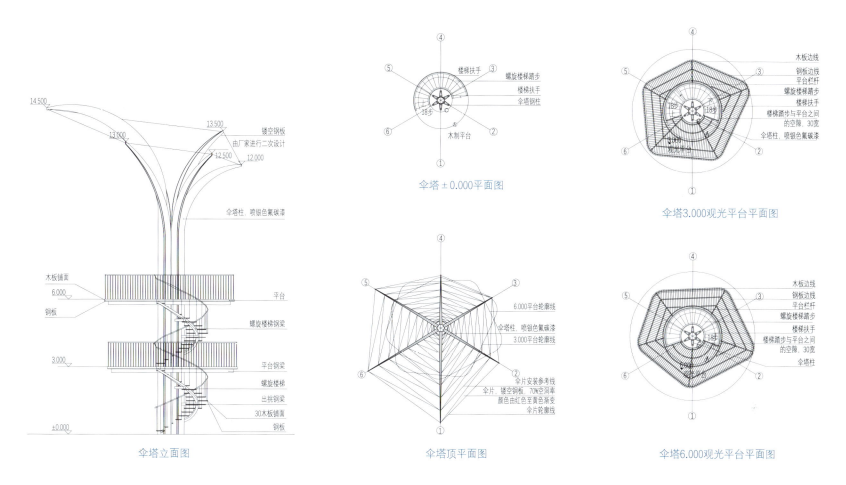

伞塔立面图　　　伞塔顶平面图　　　伞塔6.000观光平台平面图

伞塔±0.000平面图　　　伞塔3.000观光平台平面图

-147-

三亚市红树林生态公园景观桥

在三亚市中心，短短三年内，一片混凝土防洪墙内的荒芜土地被成功地修复成一个郁郁葱葱的红树林公园，在这里，自然和人和谐地共享着海潮与淡水的交融。人们可以漫步其间，享受观鸟之趣。

设计利用道路与水面9m的高差，建立了一个台地和生态廊道系统，截流并净化来自城市的地表径流，高低错落的公共空间布置其间。步道路网的设计随地形变化，漂浮于自然景色之上的空中栈道将人带入林上，俯瞰红树林；5个景观盒子被精心地布置在林间幽静景美的位置，同时也成为多变的气候下必要的遮阳挡雨空间。模块化的混凝土盒子能抵抗强烈的热带风暴，不同的摆放角度给观鸟爱好者们创造了最佳的观鸟视野。

依山傍水，白鹭纷飞，曲径通幽，凉爽宜人，建成的红树林廊道为市民提供了完美的休憩之处，闲来无事来公园骑行、慢跑、散步成为周围居民悠哉享受生活的方式。

桥梁基础数据

项目地点：海南省三亚市
设计时间：2015年8月
建成时间：2016年11月
桥梁规模：全桥总长约780m，标准跨径5m，最大跨径10m
桥面宽度：标准段宽2.5m
设计荷载：人群3.5kN/m^2
上部结构：钢框架梁
下部结构：圆形变截面墩柱
所获奖项：2021世界建筑节（WAF）自然景观奖
2020美国景观设计师协会（ASLA）综合设计类荣誉奖
2019 AZ Awards最佳景观奖

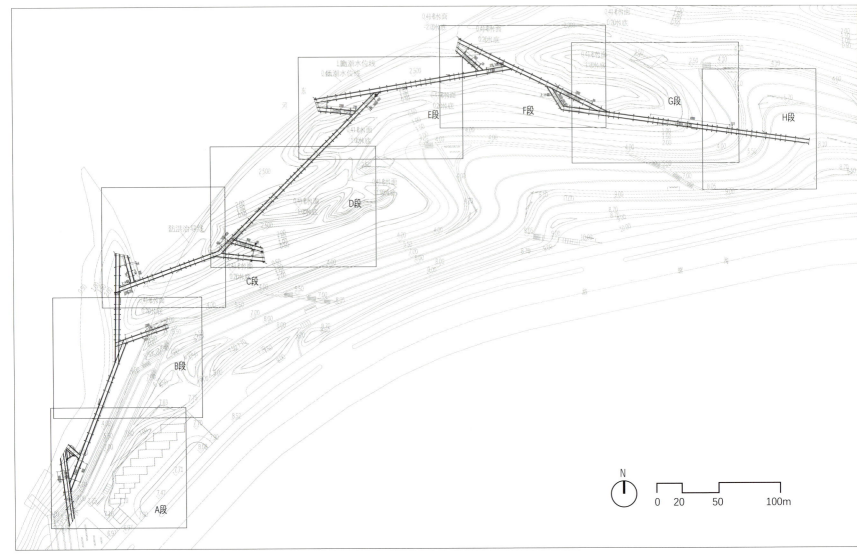

景观桥结构整体平面布置图

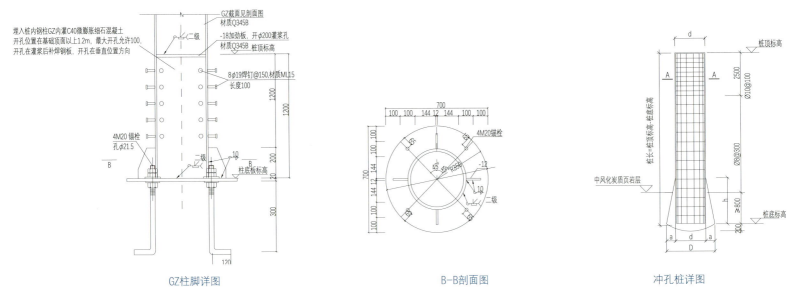

GZ柱脚详图　　B-B剖面图　　冲孔桩详图

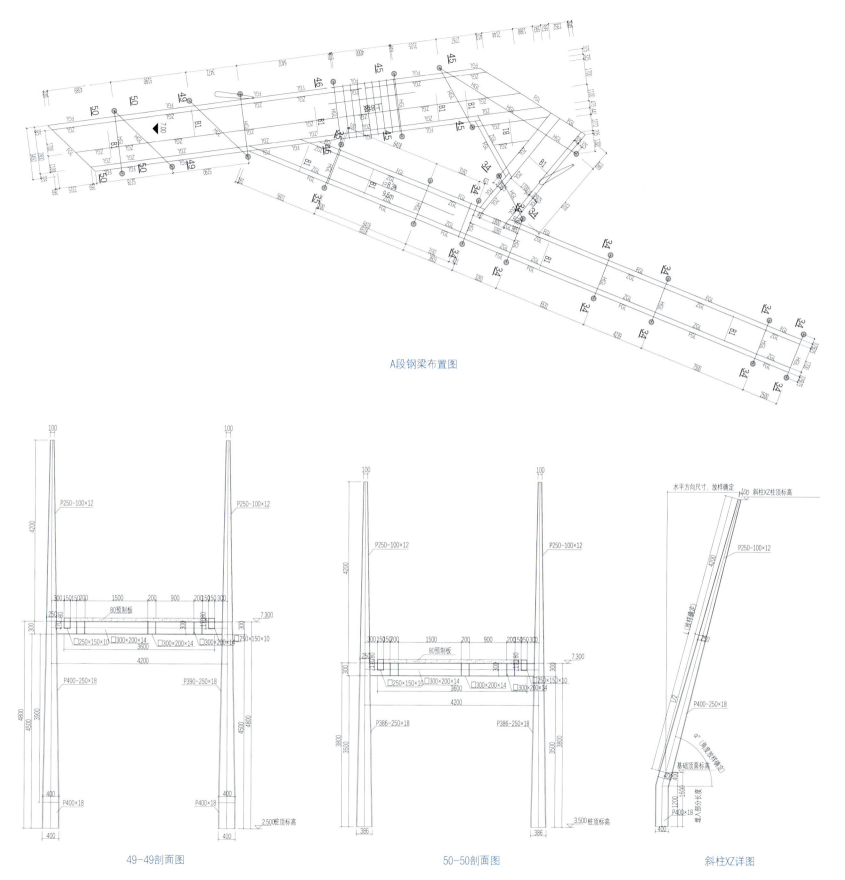

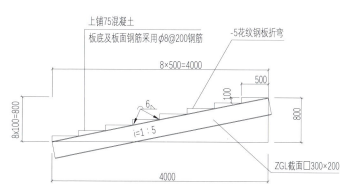

上8级踏步节点

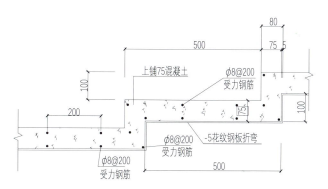

踏步节点详图

三亚市东岸湿地公园空中廊桥

项目地块位于三亚市月川新城，西与金鸡岭公园相邻，东与东河公园相隔，东南与狗岭郊野公园遥望；凭借三亚发展的新趋势，肩负"以点带面"的职能，对月川新城的发展起到辐射和带动作用。项目设计的湿地公园是月川新城最核心的区域，所以项目旨在打造一个以解决雨洪问题，恢复生态为主，同时承载城市公共活动、市民休闲、形象展示、旅游服务等功能的综合性城市生态景观绿色廊道。

廊桥置于果基鱼塘生境、农田生境、岛屿生境3种生境之上，以最少干预的手段保护原生湿地的生物多样性。游人漫步于四通八达的生态驳道之上，可以欣赏鱼游虾嬉、鹭鸟翱翔的完美生态。充满现代感的观景塔与廊道融为一体，为游人提供了充满新意又能登高揽胜的观景平台。

建成后的生态廊道改善了人居环境和城市功能，促进城市与自然有机融合。进而创造了"看得见山，望得见水，记得住乡愁"的城市记忆，为广大市民与游客提供了休闲游憩、科普教育、文化娱乐的场所。

桥梁基础数据

项目地点：海南省三亚市
设计时间：2015年8月
建成时间：2016年6月
桥梁规模：全桥总长约1626m，标准跨径5m，最大跨径10m
桥面宽度：标准段宽2.5m，局部宽度渐变为5m
设计荷载：人群3.5kN/m^2
上部结构：钢框架梁
下部结构：圆形变截面墩柱

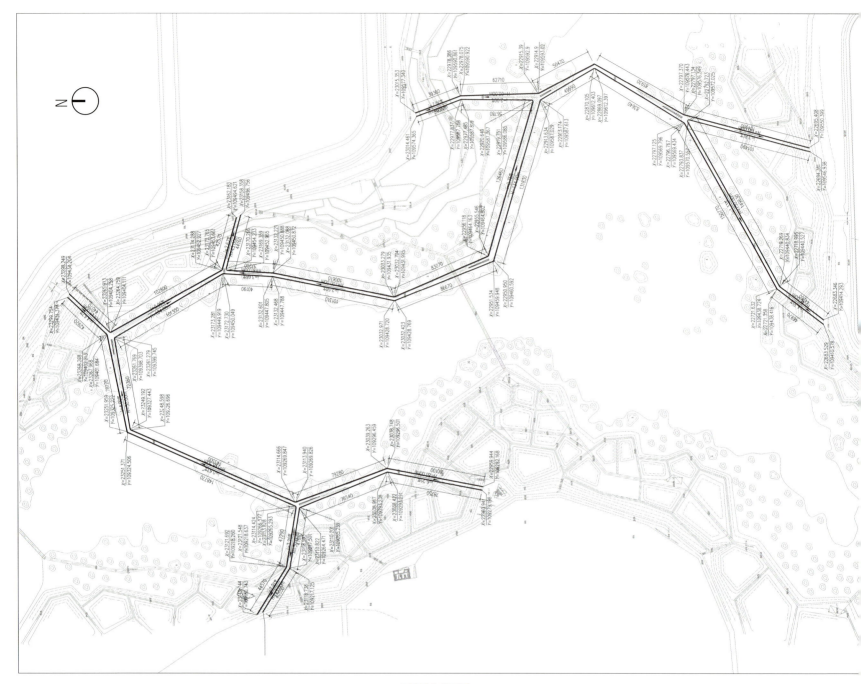

廊桥桥位总平面图

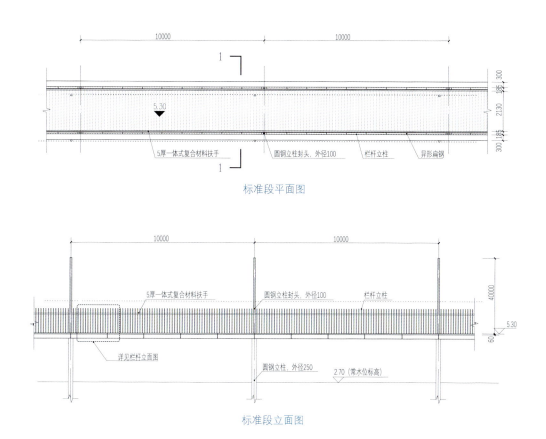

标准段平面图

标准段立面图

栏杆平面图

栏杆立面图

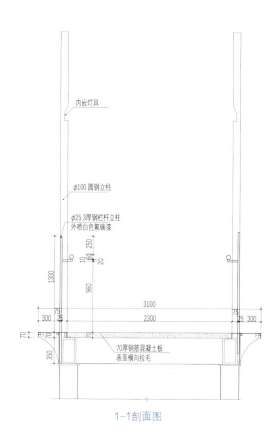

1-1剖面图

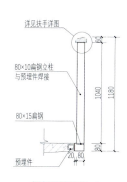

栏杆剖面图A-A

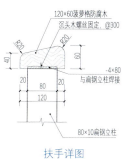

扶手详图

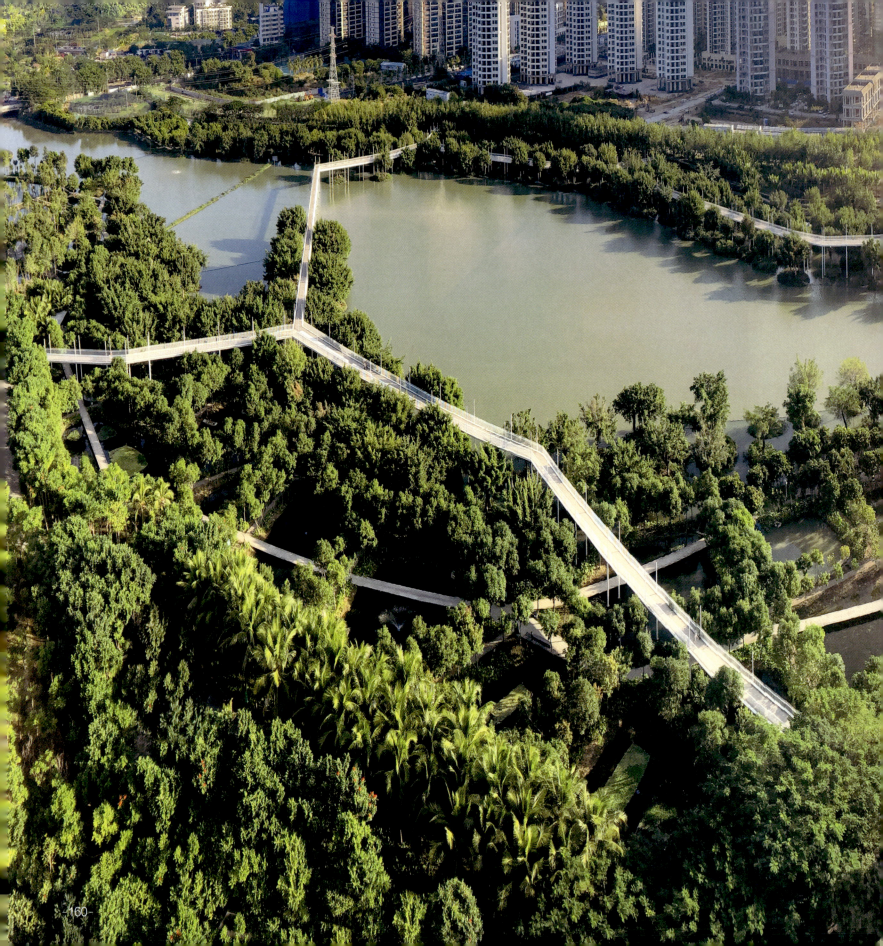

苏州市菱湖渚公园空中栈桥

太湖菱湖渚公园位于苏州市吴中区临湖镇，占地约22hm^2，地处东山半岛中段北侧，与东山、西山隔水相望，是第九届江苏省园林博览会苏州园的主展区，同时也是园博会开幕式的举办地。设计旨在将一处无人问津的郊野公园打造成太湖流域自然景观与人文景观相互交融的"新苏州"园林。会时，公园承担园博会会展与接待、举行开幕式等重要功能，彰显现代化的苏州园林；会后将成为苏州高品质的滨湖商务度假区，苏州市民环太湖的城市后花园。

苏州园林历史悠久，如何继承和发扬古典园林文化，用现代的设计语言和手法展示姑苏园林之美？场地慢行系统如何避免洪水侵蚀，作用于水适应性景观？

项目整体的设计策略为圩田造地、灌溉施肥，菱荷稻菽，阡陌游憩。

苏州菱湖渚公园景观桥构建了曲折有致、高低错落的多层次道路系统。空中栈桥、自行车道、步行栈道、田间小路等共同构成公园的立体慢行网络，游客置身其中，曲径通幽，移步异景。沿太湖一侧打造湖滨商业休闲街区，建筑布局与场地肌理紧密结合，且最大限度保证观景界面，屋面的设计巧妙地与场地内的空中栈桥串联在一起，成为园中制高点，整个街区是总览太湖的绝佳之处。

园中绿树成荫、生机盎然，大自然与人工设计相互交融的美景初现芳容。在空中廊桥上，可赏四季景色，公园为市民丰富多彩的休闲生活提供了理想场所，成为环太湖观山望湖、休闲揽胜的一个好去处。

桥梁基础数据

项目地点：江苏省苏州市
设计时间：2014年7月
建成时间：2016年2月
桥梁规模：总长约943m，桥梁标准跨径12m
桥面宽度：桥面宽度为3~6m
桥面面积：4687m^2
设计荷载：3.5kN/m^2
上部结构：钢框架结构
下部结构：异型钢墩柱+承台+预制管桩
桥梁栏杆：竖条钢片护栏+熟栗色实木扶手
桥面铺装：防腐木龙骨+铺装
使用年限：50年

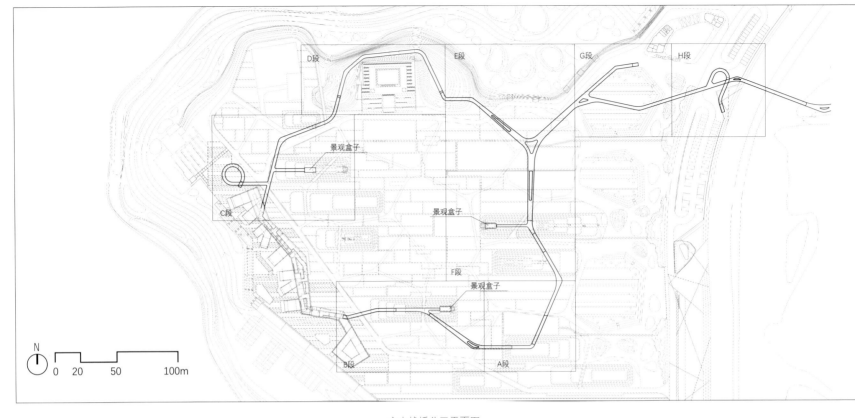

空中栈桥分区平面图

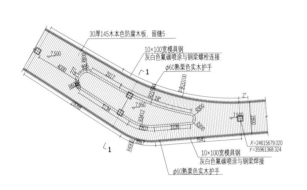

B段一平面图

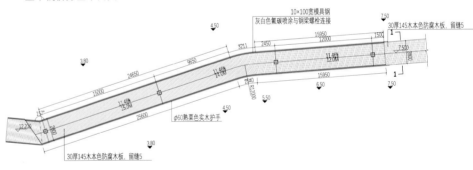

B段二平面图

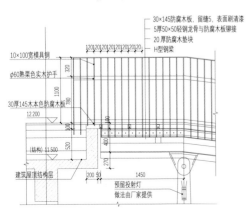

节点大样图

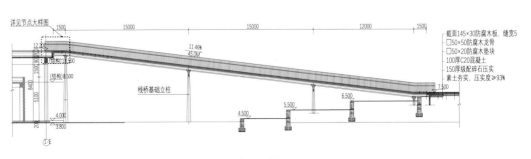

B段二立面图

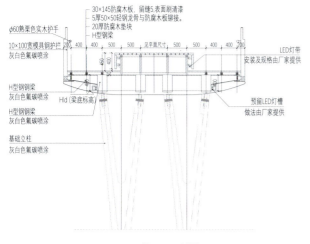

B段一1-1剖面图

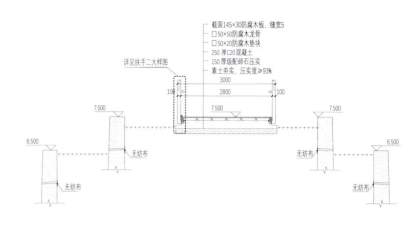

B段二1-1剖面图

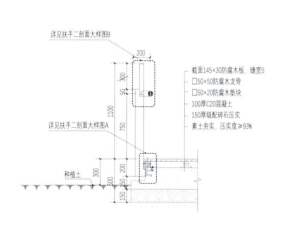

扶手大样图

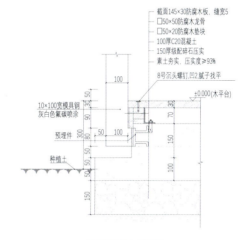

扶手节点大样图A

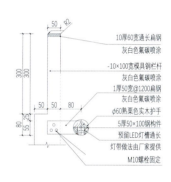

扶手节点大样图B

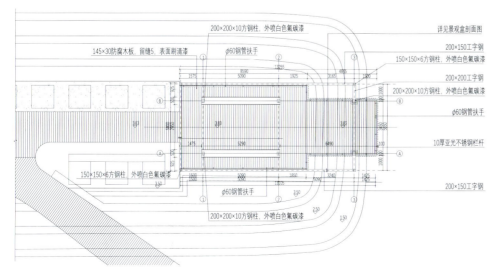

景观盒铺装平面

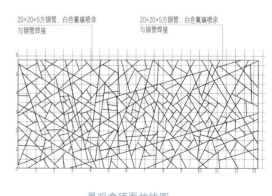

景观盒顶面放线图

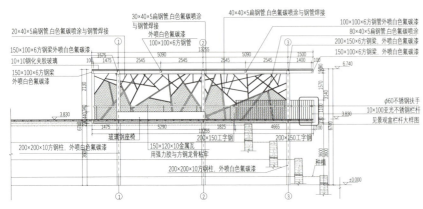

景观盒A~B立面图

景观盒1~3立面图

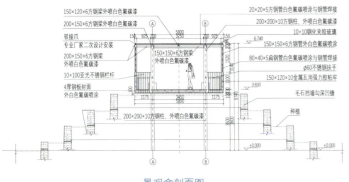

景观盒剖面图

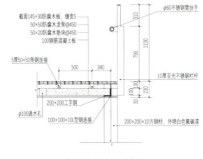

景观盒栏杆大样图

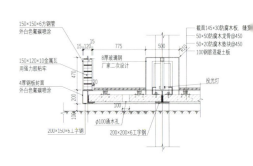

景观盒底部结构与座椅详图

义乌市滨江公园空中廊桥

项目位于浙江省金华市义乌市，为解决洪涝威胁、水污染、废弃物和建筑垃圾等问题并尽可能降低预算和维护成本，同时受到当地农业智慧的启发，义乌江滨河公园的设计理念为创造一个低成本维护、具有雨洪调节和净化水质功能、支持本土生物多样性、具有生产功能，同时能提供多样探索、游憩体验的城市公园。

将挖掘内部溪谷空间产生的土方用于堆积自然堤岸，场地现有的建筑垃圾也用于构筑种植水杉林的树岛空间。木栈道曲折穿行于树林和湿地空间，漫步于其上的人们将于城市之中获得沉浸于野草、湿地、树林等丰富自然空间的独特体验。架设于树岛间的人行桥使游客能够游走于各个雨棚，享受城市不断蔓延的天际线，搭设于树岛上的帐篷提供了聚焦点和休憩地。这种双层步道系统戏剧化地增加了场地的承载力，同时又丰富了人们的景观体验。

公园的建成给当地居民的日常生活带来了福音。人们在清晨漫步于木栈道和步行桥，父母带着孩子在夏日的夜晚来到湿地净化后的水池嬉戏；即使在夏日的正午，也有人休憩于树岛亭子投下的阴凉里；老人们则非常享受广场和平台的阴影，望着远处年轻人在溪谷野草中的栈道上探索大自然。设计出的公园生态系统使城市的废弃用地转变成高品质低维护的生态基础设施，能给市民提供包括洪水调节、河流恢复、本土生境恢复、食物供给以及游憩、美学体验等在内的多种生态系统服务。

桥梁基础数据

项目地点：浙江省金华市义乌市
设计时间：2009年7月—2013年9月
建成时间：2017年5月
桥梁规模：总长约945m，最大跨径19.3m，标准跨径6m
桥面宽度：标准宽度2.5m，局部增加观景平台
设计荷载：2.5kN/m^2
上部结构：钢框架
下部结构：框架柱+承台+桩基础
桥面铺装：竹木铺装
桥梁景观：横条钢丝绳+竹木扶手

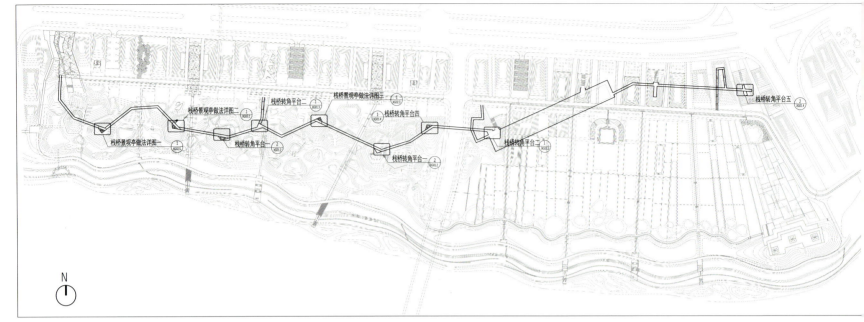

廊桥总平面图

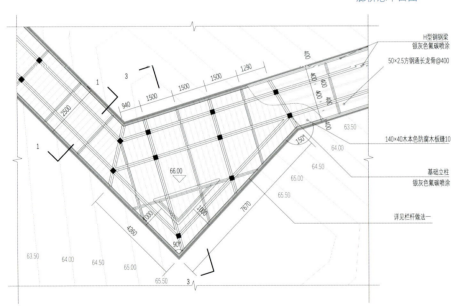

廊桥转角平台平面图

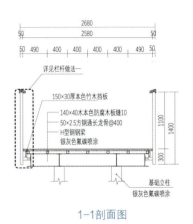

1-1剖面图

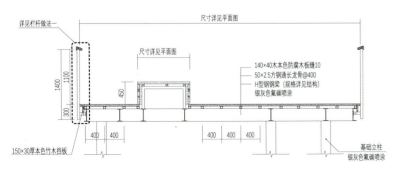

3-3剖面图

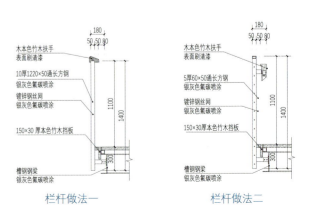

栏杆做法一　　栏杆做法二

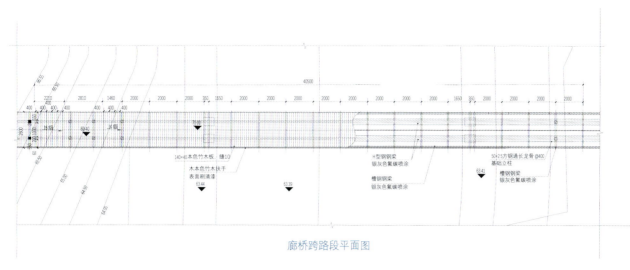

廊桥跨路段平面图

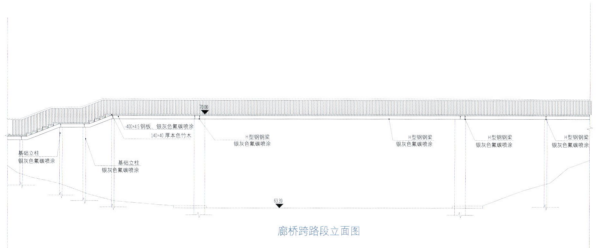

廊桥跨路段立面图

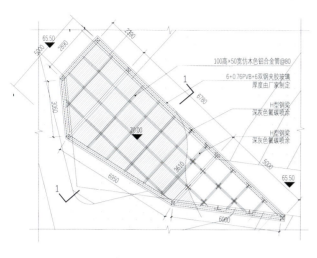

廊桥景观亭顶平面图

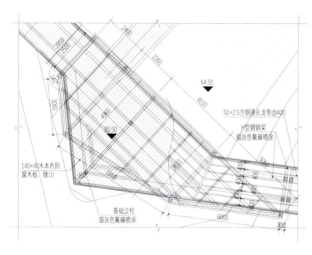

廊桥景观亭底平面图

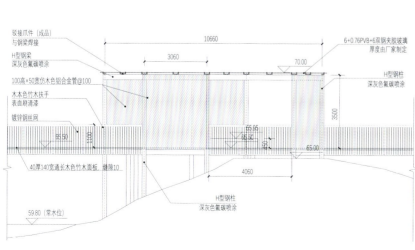

廊桥景观亭立面图

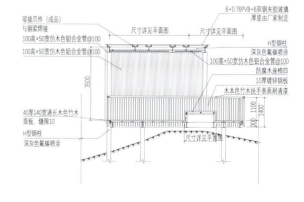

廊桥景观亭1-1剖面图

天津市桥园公园空中栈道

天津桥园位于天津市河东区，东靠天山路，南靠盘山道，西为昆仑路，北临卫国道，背靠卫国道立交桥。项目以桥入手，从桥的心理层面、建筑层面、文化层面及桥的概念与天津文化的契合综合考虑，打造属于天津特色的桥园文化。桥是空间的跨越物，是采用人工的构筑方法在两个地点设置一条路径以使二者联系起来，是人们对空间、时间的一种思考，桥依靠技术并随着技术发展获得形式上的发展。

天津桥园廊桥整体构思来源于空间钢结构可开启型桥梁（解放桥就是典型的实例）。钢结构形成桥的空间，开启形式暗示着空间的折叠可变。属中型桥梁。桥梁上部结构采用钢框架，下部为钢柱，采用扩大基础。廊桥位于公园主入口轴线，联系了公园的主要步行出入口广场及重要的展示空间建筑——桥文化展示中心，该轴线也是公园游览的文化时间节点轴。设计力图体现天津的城市风貌和滨水特色的桥文化，同时也将公园环境的规划设计与人的行为和体验相联系，表现城市化过程中环境与人的相互关系。

天津桥园从天津桥梁的发展史中引出线索——木质浮桥，钢或木或石的梁架结构桥，钢拱桥，到后来的悬索桥，以其结构概念设计出不同的景观步行桥穿插全园。

其中，木桥属于小型桥梁，总长约20.8m，标准跨径3m，桥梁标准宽度3m，设计荷载3.5kN/m^2，桥梁上部结构采用钢筋混凝土框架梁，下部为钢筋混凝土柱，采用扩大基础。

桥梁基础数据

项目地点：天津市河东区
设计时间：2005年10月
建成时间：2008年
桥梁规模：全桥总长约130m，标准跨径6m
桥面宽度：标准段宽5.8m
设计荷载：3.5kN/m^2
上部结构：钢框架
下部结构：钢柱
基础型式：扩大基础
所获奖项：2010美国景观设计师协会（ASLA）荣誉设计奖
2009世界建筑节（WAF）全球最佳景观奖
2009中国人居环境范例奖

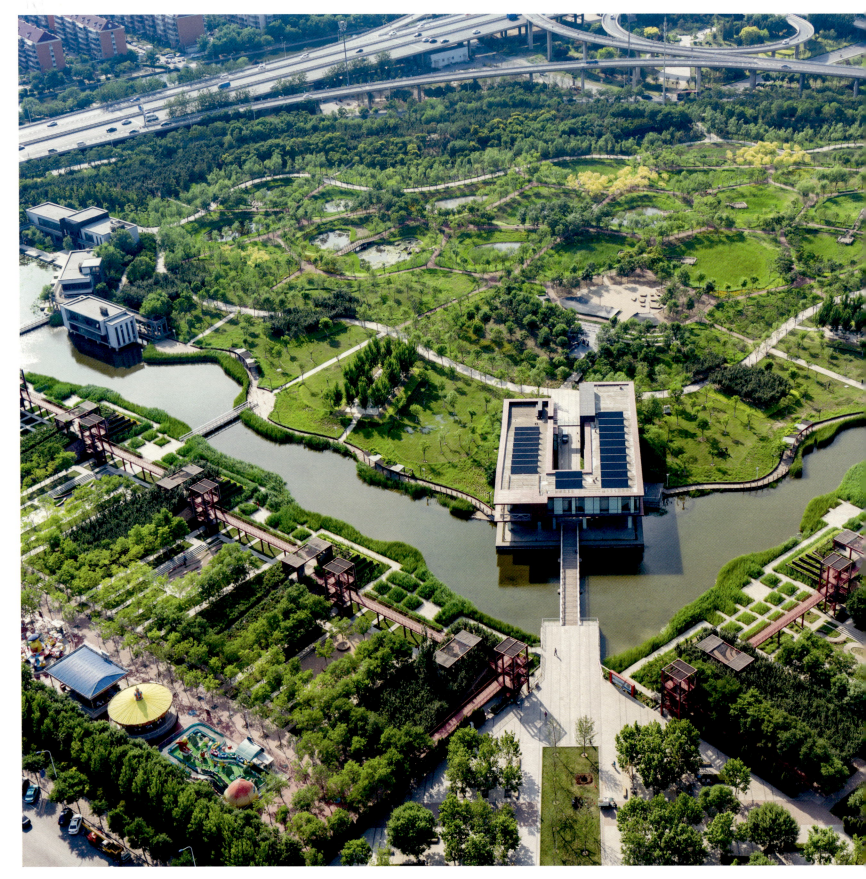

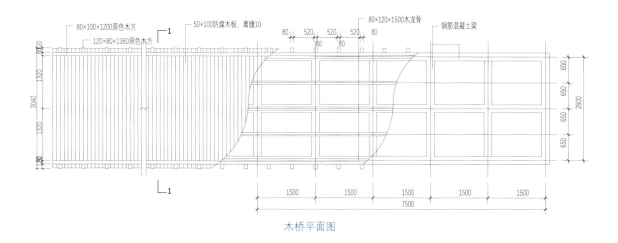

木桥平面图

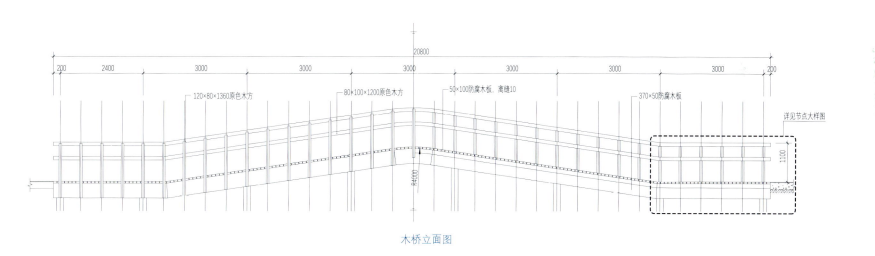

木桥立面图

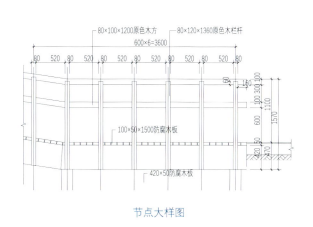

节点大样图

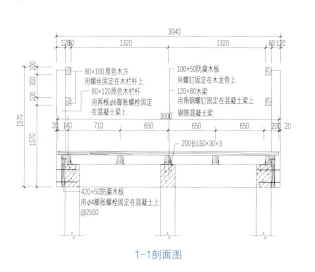

1-1剖面图

秦皇岛市植物园空中走廊

秦皇岛植物园位于秦皇岛市海港区，占地26.5hm^2。东邻汤河，与世界著名新景观——"红飘带"隔河相望，界临西、北两环路，是汤河生态廊道的有机组成部分和重要节点，连接山海。植物园昔日为苗圃，更有多家残破工场盘踞，垃圾遍地。2006年夏，秦皇岛市人民政府责成海港区园林局组织植物园的规划和建设。

空中走廊处于植物园的山地园中。山地园以燕山山脉为灵感，采用土方平衡的设计策略，将建筑垃圾回填于绿地下的堆砌坡地，利用燕山石材场的边角料模仿燕山地质纹理。山地园中心是一个由场地原有废弃的混凝土块、废旧钢筋组成的雕塑，设计希望由此引发人对快速且过度的城市化的反思。

空中走廊凌驾于"燕山山体"之上，将人的体验放在空中，上下互动交织；"回"形的钢桥将山体串联在一起，形成空间上的连通；空中廊桥围合建筑废料组成的雕塑，让人们可以360°欣赏；整体设计从材料、色彩、植物种类和构景手法诸方面彰显当代中国的特色。本项目桥梁属中型桥梁，总长约100m，桥梁宽度为1.7m，设计荷载3.5kN/m^2，桥梁上部结构采用钢框架，下部为钢柱，基础采用扩大基础。

秦皇岛植物园涉燕山岚壑之精华，披渤海风露之灵气，春华秋实，夏荫冬雪，季相万千；更浸5000年华夏之人文，虽草木而文化，纵土砾而精神。

桥梁基础数据

项目地点：河北省秦皇岛市
设计时间：2006年7月
建成时间：2009年
桥梁规模：总长约100m，桥梁最大跨径12.6m
桥面宽度：桥面宽度为1.7m，净宽1.2m
设计荷载：3.5kN/m^2
上部结构：钢管框架结构
下部结构：整体扩大基础
桥梁栏杆：折线式钢管栏杆
桥面铺装：防滑花纹不锈钢板
使用年限：50年

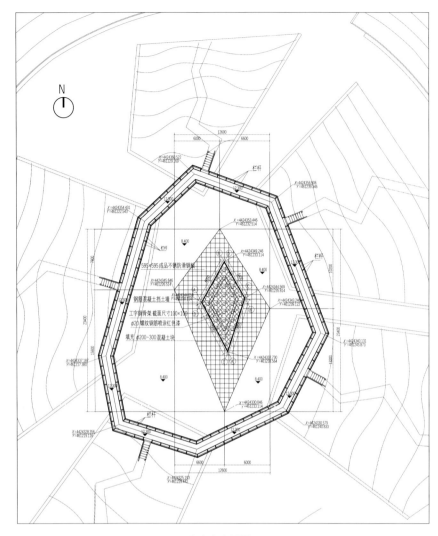

空中走廊平面图

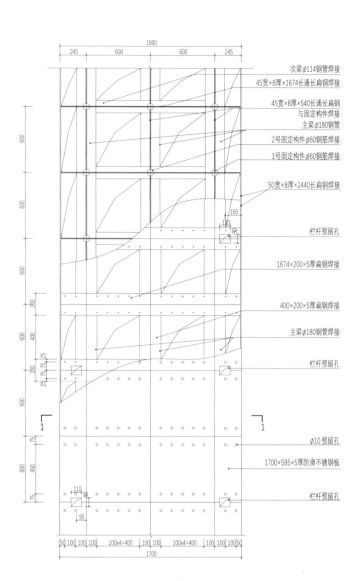

标准段梁柱平面图

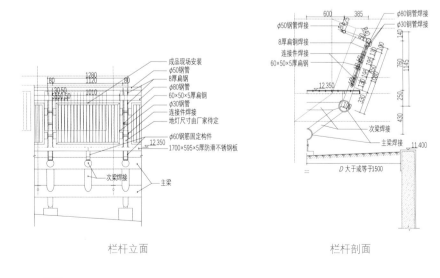

栏杆立面　　栏杆剖面

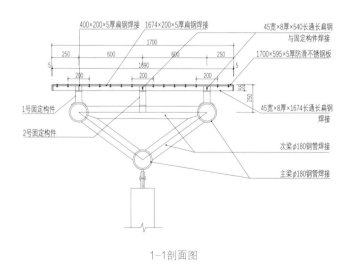

1-1剖面图

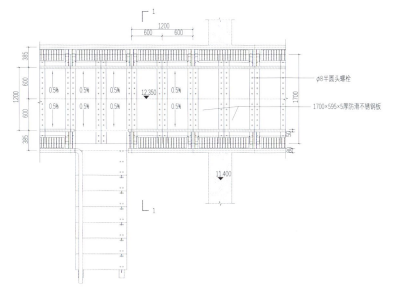

标准段平面图

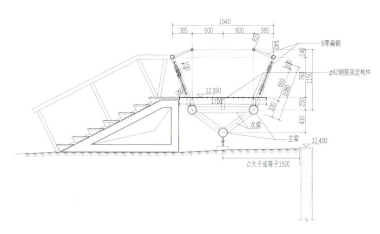

标准段1-1剖面图

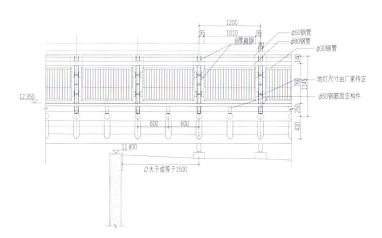

标准段立面图1

-187-

重庆市潼南大佛寺湿地逃生桥

潼南大佛寺湿地公园位于涪江流经重庆潼南区中心区域两岸，南侧紧邻大佛寺AAAAA级风景区，地处潼南城市形象展示的核心区域，是高密度城市中难得的滨河滩涂绿洲。湿地逃生桥全长483.4m，标准段通行净宽3~9m，桥面面积2708.70m^2。慢行桥由南向北依涪江滩涂而建，制高点连接公园外侧市政道路及公园停车场和游客服务中心，低点连接湿地公园内部慢行道。桥面高度高于洪水警戒位，设计将滨汀体验与应急疏散紧密结合。

在自然条件上，涪江滩地基础条件复杂，故桥体采用钢结构来减轻自重；同时受涪江汛期制约，采用钢结构可缩减施工时长，在汛潮来临之前完成，使速度与美感交融。在结构上，设计采用三角形的桁架结构，可增加桥梁跨度，尽量减少立柱对景观的影响。桥体立柱外包镜面不锈钢，桥柱通过反射周边环境与自然相融；桥体及铺装以干挂木板为主要材料，宛如生长在江边的一叶支脉，生于斯长于斯，与场地形态交相呼应。

设计灵感来源于地形特色，利用光、山、竹、影，打造具有佛教禅意的休息廊架。桥体形态呈现宽窄变化，桥面宽度为3~9m；桥中心设计遮阳亭，供游人遮阳避雨；全桥符合20年一遇防洪标准，且临近市政路，贯穿整个园区，为临时应急避险提供可靠保障。景观禅廊的整体设计在形式上源于佛教文化中的"枯枝"造型，结合场地地形，形成充满禅意的禅廊形态；在功能上，景观禅廊与周边步道相统一，联为一体，形成慢行系统的重要分支；在材料上，整体结构采用钢材料，外饰木材质。在具体的设计中，开放的木质廊架为使用者提供了良好的观赏莲花池的视野与休息空间。

桥梁基础数据

项目地点：重庆市潼南区
设计时间：2017年7月
建成时间：2019年5月
桥梁规模：总长约483.4m，桥梁最大跨径45m
桥面宽度：桥面宽度为3~9m渐变
设计荷载：3.5kN/m^2
桥面面积：2708.70m^2
上部结构：钢框架结构
下部结构：承台+钻孔灌注桩基础
使用年限：50年
所获奖项：2021 AZ Awards最佳景观奖

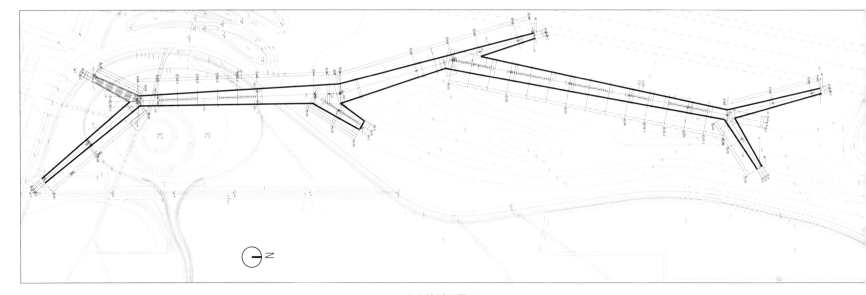

空中栈桥平面图

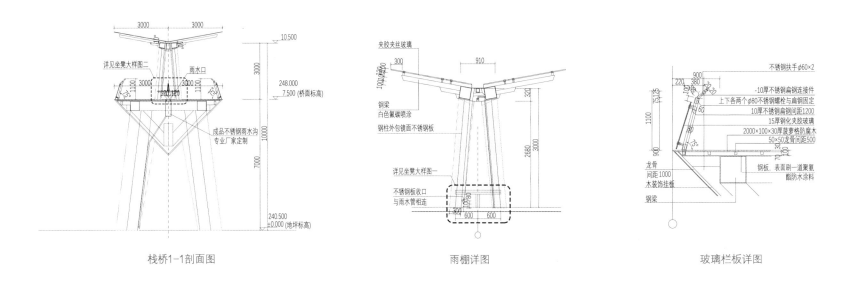

栈桥1-1剖面图　　　　雨棚详图　　　　玻璃栏板详图

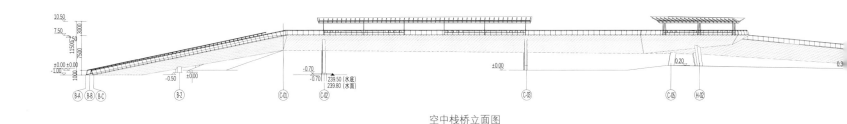

空中栈桥立面图

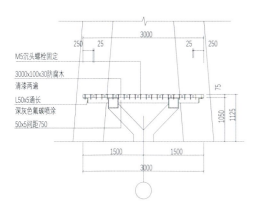

坐凳大样图一

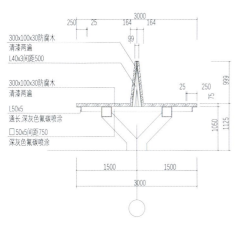

坐凳大样图二

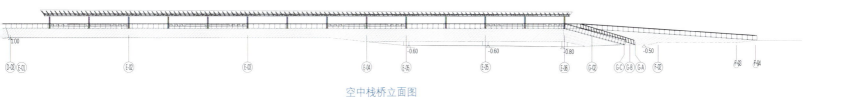

空中栈桥立面图

-193-

北京市永兴河空中水泥桥

项目位于北京市大兴区，永兴河绿道突破了常规的城市防洪工程模式，将季节性的城市排水通道变成了具有弹性的绿色海绵，以保留和净化城市雨洪，同时创造了一个生态健康的、生产性的、利于社区建设的绿色基础设施。

永兴河原名天堂河，其南段连接北京大兴机场，长37km，有300多平方千米的集水区，是区域内主要的雨洪通道。自20世纪60年代以来就已被渠化，不断被挖开并用混凝土硬化，场地中留有部分成排的柳树和杨树。水泥桥在解决河道抗洪问题的同时，为沿河的新社区提供了绿色的游憩空间。

建成后的水泥桥为周边居民提供了每天可以跑步的地方，沿绿道还提供了便于通勤的自行车道，场所中的5个亭子作为景观中供人们休憩的艺术装置，吸引着人们在里面聚会、聊天和欣赏美景。永兴河绿道已成为这个城市最受欢迎的公共场所之一，并经常被当地新闻所报道。

桥梁基础数据

项目地点：北京市
设计时间：2013年12月—2014年4月
建成时间：2019年5月
桥梁规模：10座桥梁，全长约400m，单跨最大跨径约16m
桥面宽度：标准段宽3m，净宽2.1m
设计荷载：3.5kN/m²
上部结构：钢筋混凝土槽型梁
基础结构：扩大基础
景观装饰：主体结构槽型梁，外侧混凝土做凹凸图案，槽型梁内侧设置直径20mm钢管+栗色防腐木扶手
桥面铺装：防腐木龙骨+栗色防腐木铺装

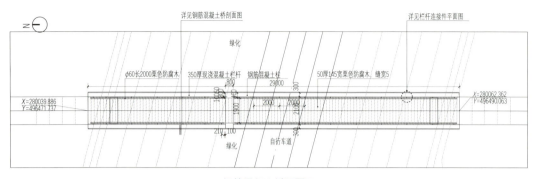

钢筋混凝土桥平面图

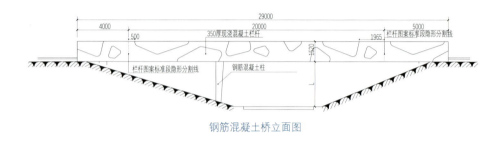

钢筋混凝土桥立面图

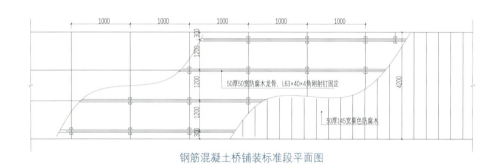

钢筋混凝土桥铺装标准段平面图

钢筋混凝土桥剖面图

栏杆连接件平面图

LANDSCAPE BRIDGES
景观桥

爬山栈桥
适应地形的体验廊道

LANDSCAPE BRIDGES

林州市红旗渠太行天梯

红旗渠风景区青年洞入口廊道犹如一条飘扬在太行山间的红绸带。红旗渠"太行天梯"位于安阳市林县红旗渠风景区青年洞景区入口处，整个建筑物以步道为主，局部与使用建筑连成一体，建筑面积1314.41m²，坡道面积1918.25m²，长度353.77m。

红旗渠上的"太行天梯"用充满豪情的红色浪漫主义手法，在非常局促和复杂的地形中，用一条蜿蜒盘旋的空中步道，巧妙地解决了人流交通、车流组织、空间体验、科普教育和景观保护等一系列问题，用最少的干预和当代的语言，在尊重红旗渠伟大精神和壮丽景观的同时，阐释了新时代的红旗渠精神。

整个坡形建筑处于风景区入口停车场之上，最大限度地留出有限的地面空间用于停车；同时坡形建筑横跨了一条省级公路，使进入景区的流线得以与过境机动车分离。

架空的坡形建筑蜿蜒曲折，与登山的步道相连，最少地干预了原有场地，使原有的复杂的登山游线变得简单有趣，既能舒适步行，又可游览美景。旅游接待及商业空间与线性步道融为一体，使游客步行流线与对各建筑功能空间的使用更加清晰合理。钢结构、金属材料与木材的使用保证了建筑材料可最大限度地回收利用。

桥梁基础数据

项目地点：河南省林州市
设计时间：2010年7月
建成时间：2014年5月
桥梁规模：全桥总长约353.77m
桥面面积：3232.66m²
设计荷载：人群2.5kN/m²
上部结构：连续混凝土梁
下部结构：矩形混凝土墩柱

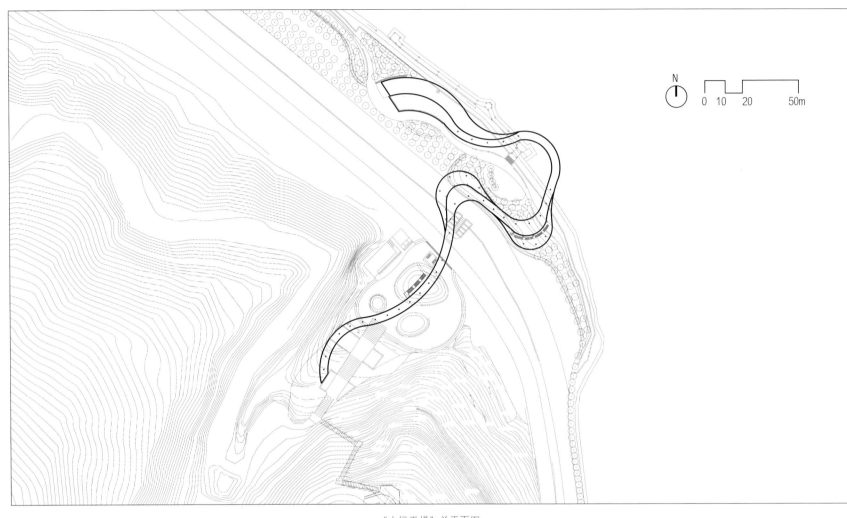

"太行天梯"总平面图

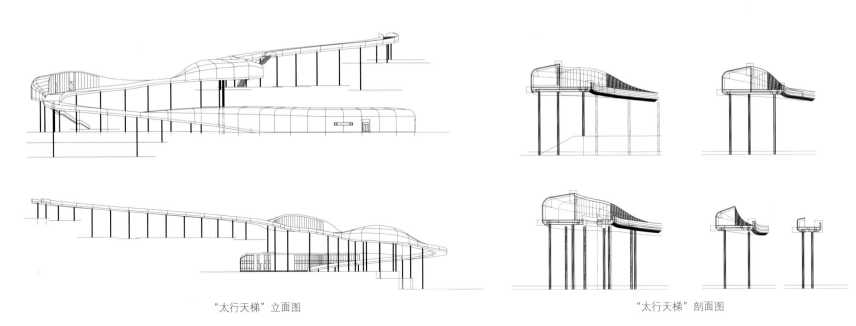

"太行天梯"立面图

"太行天梯"剖面图

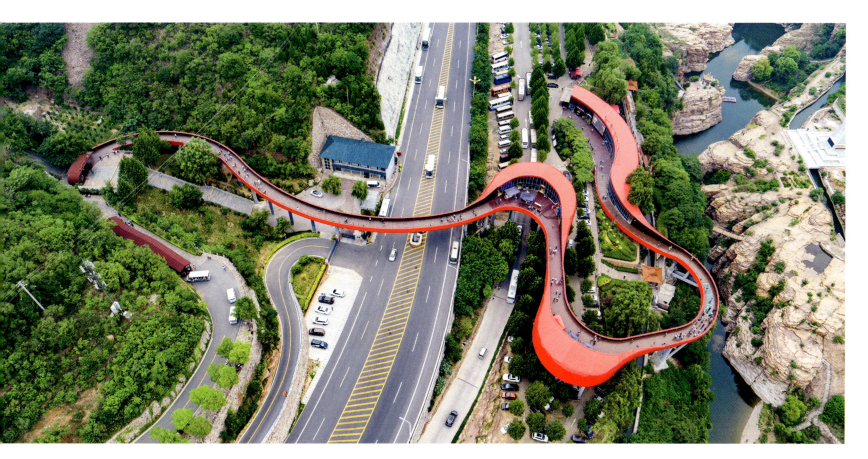

宁波市象山县松兰山滨海栈道

项目位于浙江省宁波市象山县松兰山风景区内，为沿海打造的一条观景游步道。景区内已有多个沙滩，每年夏季会吸引很多前来游玩和游泳的人，沙滩与沙滩之间原是通过一条市政机动车道相连接，在步行方面没有较好的体验，而沿海的岩石上是最佳的风景观测点，但缺乏通道可以进入。所以此条景观步行道的打造将串联此条沿海景观带，为游人提供更好的观景体验。

设计目标是丰富景区内的步行体验，使各个沙滩和景点能够交相呼应，形成一条优美的景观带。项目位于海边，涨潮时，沿岸受较严重的冲刷，周边盐碱性较高，很多植被无法生长。而岩石作为很好的天然资源在设计中也要尽量减少对其的破坏。

在原有地貌的基础上，选择较为平缓、适合建设的位置作为栈道的走向，连接各个沙滩，同时根据场地的标高，做不同空间的设计，丰富游人的体验。而栈道也较多地选择架空形式，不仅能满足人群登高望远的需求，同时也对岩石造成较少的破坏。

在沿线3.1km的设计上，充分考虑服务及休憩设施。所以在沿线设置多个休息平台、沿线坐凳、廊架、入口广场、机动车停车位及自行车停车位，并在重要的风景优美的沙滩节点处设置服务建筑，供游人休息驻足，获得更好的观景体验。

当地盐碱性较大，所以选择了一些耐腐蚀的材料，防止有较强腐蚀性的空气对设备造成损坏。场地内除植被的绿色和岩石的黄色外，其他部分均比较灰暗，因此在栈道本身的设计上选择了比较突出的红色栏杆，以及淡黄色的透水混凝土面层。而以透水混凝土作为栈道的面层材料也解决了雨天积水的问题。

项目为整个景区增加了一条靓丽的风景线，使整个景区有了一个质的提升。同时也丰富了景区内的游玩体验，从之前单一的沙滩游泳，变成现在可以获得丰富的观景体验，景区对人群的吸引力变得更大了。

桥梁基础数据

项目地点：浙江省宁波市
设计时间：2013年4月
建成时间：2017年8月
桥梁规模：全桥总长约3100m，最大跨径15m
桥面宽度：标准段宽2.5m
桥面面积：7750m²
设计荷载：人群5.0kN/m²
上部结构：连续混凝土梁
下部结构：矩形混凝土墩柱

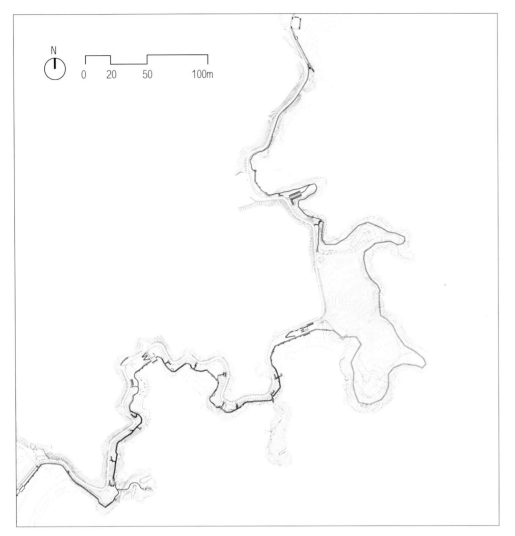

栈道总平面图

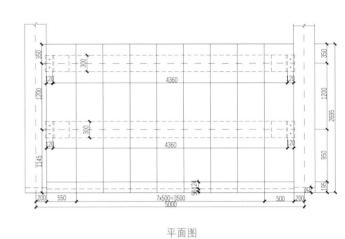

平面图

断面图

侧立面图

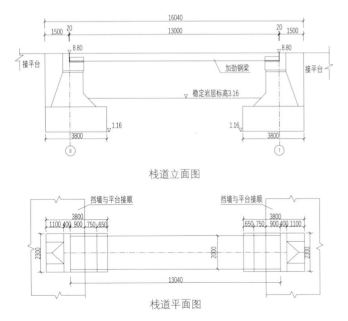

栈道立面图

栈道平面图

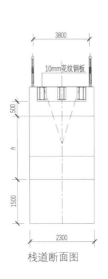

栈道断面图

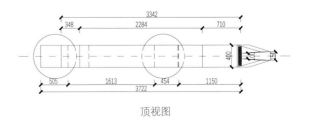

顶视图

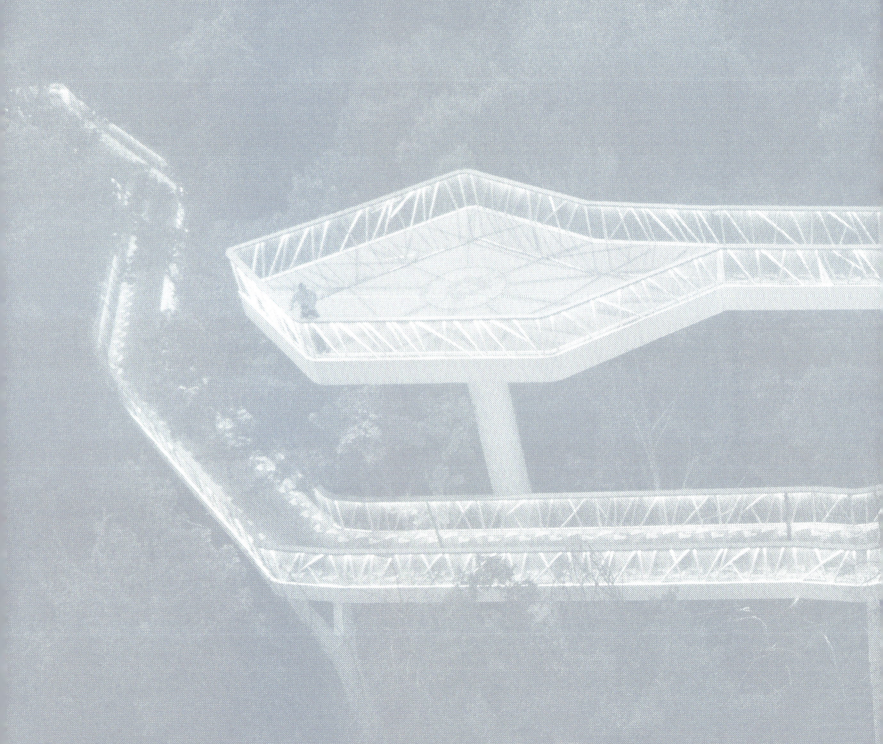

LANDSCAPE BRIDGES
景观桥

玻璃栈桥
富于挑战而刺激的景观体验空间

LANDSCAPE BRIDGES

长白山池北区美人松公园空中廊桥

项目位于吉林省长白山二道白河镇，场地所在位置是二道白河镇相对海拔较高之处。场地对面有大面积的美人松林及二道白河在此汇集的水面。如何借场地的开发形成良好的观景体验并打造场地自身特色形成二道白河镇乐活之地成为该项目设计的关键。

利用场地地势设置人行步行桥，满足居民慢行、游客观景需求，并创造性地结合服务建筑，使场地成为二道白河镇的城市景观阳台和会客厅。

设计根据场地自身禀赋进行差异化定位的功能分区，通过挖掘场地现有条件进行资源整合，丰富场地体验层次，提高场地活力，形成四重体验模式——乐活、灵动、怡然、自得。将观景塔、市民活动场所及城市天桥等功能进行串联组合，通过运用不同的材料，体现现代、简洁、时尚等特点，从而成为城市中心的乐活吸引点。游客和市民可以通过无障碍设计的慢行步道走上观景桥，获得独特的空中游览观景体验。

项目的关键在于并没有过多设计复杂的场地，而是结合了观景、综合服务及慢行交通体验，提升了场地的景观品质，使场地成为二道白河镇的乐活之地。

桥梁基础数据

项目地点：吉林省长白山保护开发区
设计时间：2014年12月
建成时间：2017年10月
设计荷载：2.5kN/m^2
桥面面积：1058m^2
上部结构：钢框架
下部结构：钢墩柱
桥面铺装：玻璃+格栅网+防腐木
桥梁栏杆：异形格栅+钢丝网

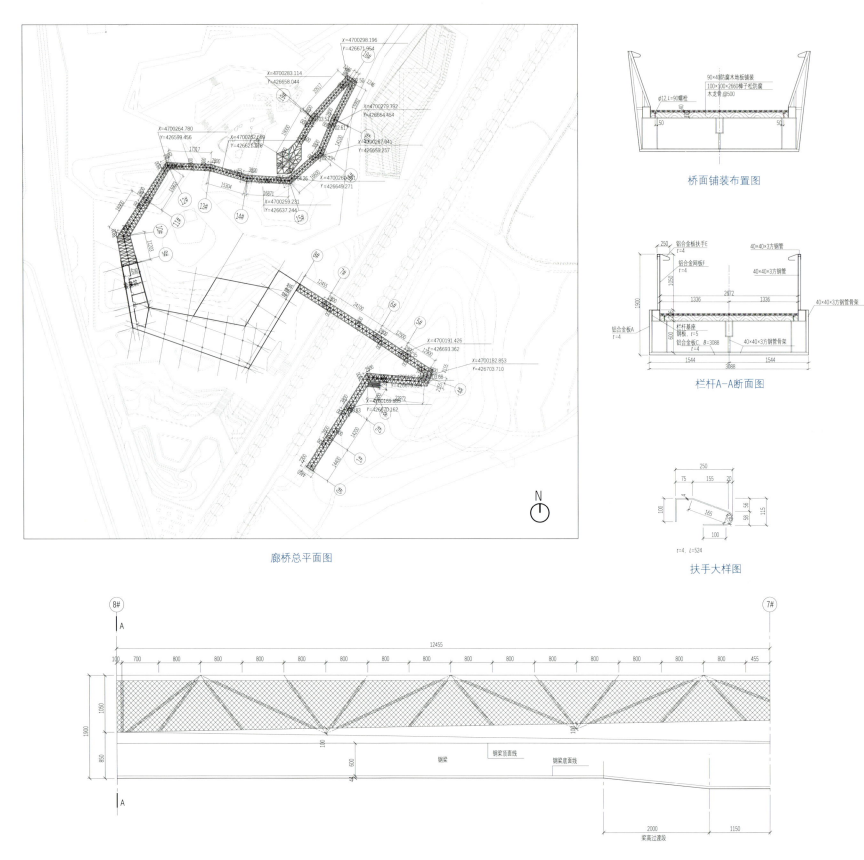

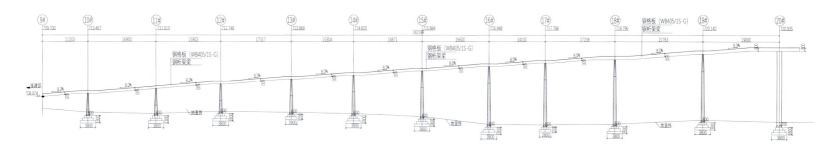

廊桥立面布置图

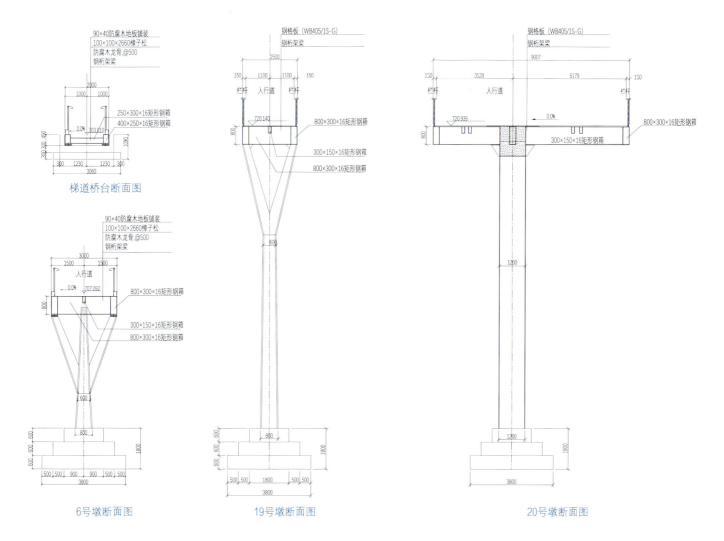

梯道桥台断面图

6号墩断面图　　19号墩断面图　　20号墩断面图

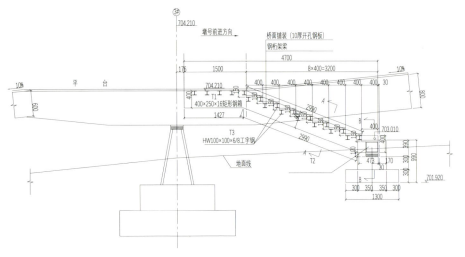

梯道立面构造图

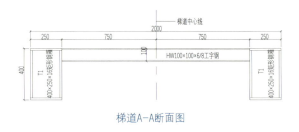

梯道A-A断面图

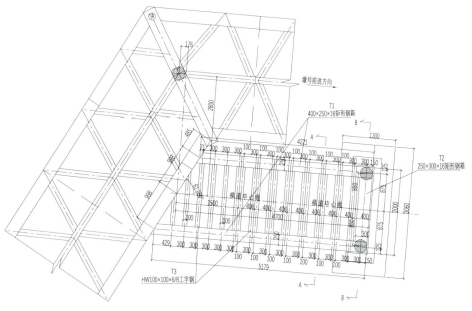

梯道平面构造图

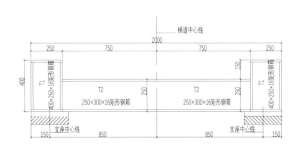

梯道B-B断面图

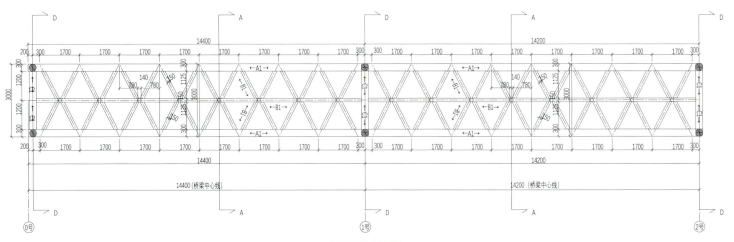

主梁平面构造图

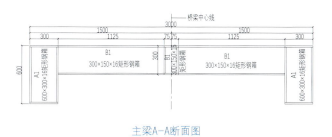

主梁A-A断面图

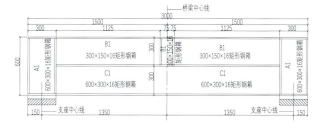

主梁D-D断面图

-227-

城头山国家考古遗址公园玻璃栈桥

城头山廊桥坐落于湖南澧县洞庭湖冲积平原上广阔的乡间稻田，桥单孔跨径约9m，属小桥设计规模。为减少对场地遗址和现有农田的干预，桥体架空于农田设置。

玻璃廊桥离地架空4m，减少人为活动对地面的干预，同时给游客提供登高远眺的空间，公园北部的考古遗址可尽收眼底。用玻璃作为桥面材料，阳光可以穿透，保证其下方的农作物有充足的日照。同时，玻璃廊桥作为观景平台可使人身临其境，让城市游客能够亲眼目睹和体验水稻种植及收割过程，并与劳作的农民亲密接触。如此，沿桥散步也成为一种奇妙的探险。

玻璃廊桥通过四个方向的4个坡道来增强桥身的稳定性，并增加了桥与四方田埂的连通性。玻璃廊桥的建设吸引了大量游客，特别是儿童和学生，原先单调乏味的农业景观变得令人兴奋且富有娱乐性。

项目将动态的农业生产过程作为景观体验来设计，埋没于偏远贫困地区达数十年之久的城头山遗址被赋予了新的生命，不仅保护了古城遗址的完整性与真实性，而且还将其发展为具有旅游休闲价值的参观和体验区。

桥梁基础数据

项目地点：湖南省常德市澧县
设计时间：2015年1月
建成时间：2016年1月
桥梁规模：全桥总长1200m
桥面宽度：净宽2~4m
设计荷载：4.5kN/m^2
上部结构：连续钢梁+玻璃栈桥
下部结构：异型钢墩柱
所获奖项：2017世界建筑节（WAF）全球最佳景观奖

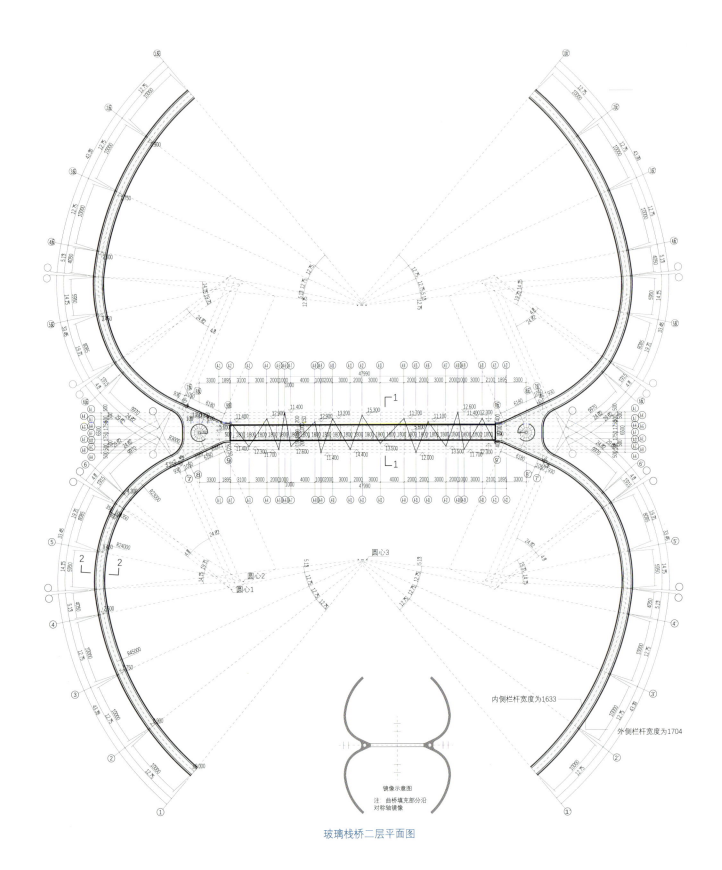

玻璃栈桥二层平面图

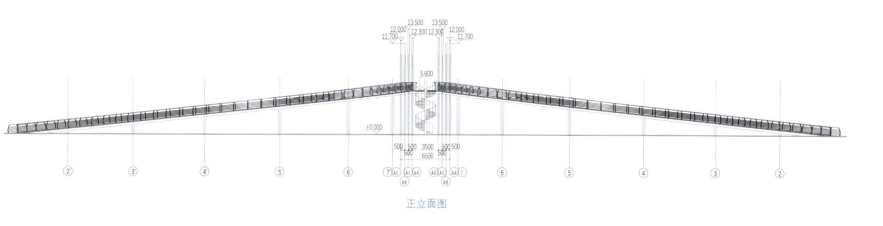

正立面图

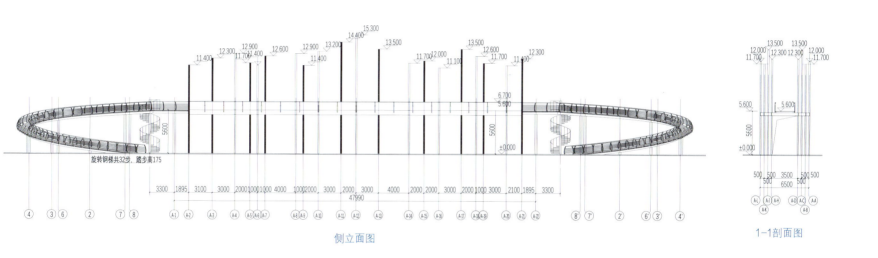

侧立面图

1—1剖面图

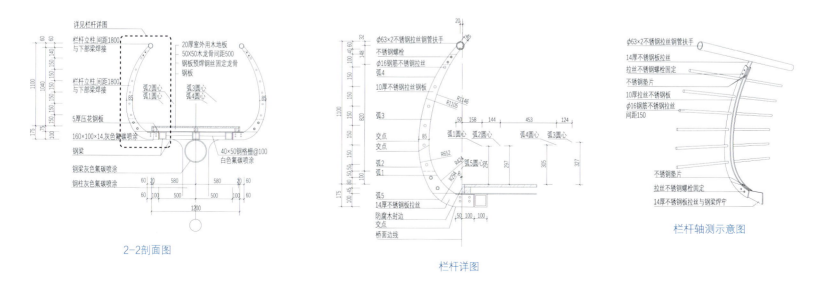

2—2剖面图

栏杆详图

栏杆轴测示意图

LANDSCAPE BRIDGES
景观桥

市政景观桥
连接绿道和社区的纽带

LANDSCAPE BRIDGES

西安市国际港务区跨灞河慢行桥

西安市国际港务区跨灞河慢行桥，位于陕西省西安市奥体中心片区。在2021年第十四届全国运动会即将召开之际，为有效疏解来自四大地标建筑及整个奥体片区的人流，在东西两岸建设慢行桥，增强地标建筑之间的慢行联系，且有效地提升了295km"三河一山"绿道体系下灞河东西两岸绿道的连通度。

跨灞河慢行桥全长1478m（其中主桥长867m），标准段通行净宽7m，慢行桥连通灞河两岸绿道，将港务区中轴与浐灞生态区绿轴连为一体。设计将两岸堤顶路与滨河步道及河中绿道顺畅连接。

设计最大限度弱化了慢行桥对奥体中心、展示中心（长安云）、文化中心（长安乐）和长安书院四大重要建筑的视觉影响，并为"三河一山"绿道添上画龙点睛的一笔。跨灞河慢行桥既满足了慢行交通需求，又提供了观赏奥体中心、展示中心、文化中心及长安书院四大标志性建筑及灞河两岸城市风光的最佳视角，是一条步移景异的观景廊道，并且为行人预留了不同视角的观景平台；完善了"三河一山"绿道体系，成为绿道体系下慢行系统的一颗明珠，也是西安奥体中心片区灞河东西两岸绿道慢行联系的重要纽带。

设计灵感来源于丝绸之路。古时西安是丝绸之路的起点，所以设计以丝绸为主要元素，整座桥梁的栏板以双层穿孔铝板为主材，以现代设计方式将丝绸的光泽抽象化。结合灯光设计，整座桥梁犹如一条银白色丝带飘浮于灞河之上。

全桥交通以骑行和步行为主，同时满足电瓶车通行要求。主桥通行净宽7m（其中，人行道通行净宽3m，自行车通行净宽4m）。线形及桥跨布置满足现状地铁隧道、向东路隧道的避让要求。预留未来游船航道（净宽不小于50m，净高不小于7m），并满足皮划艇训练需求，满足桥下人行净空要求。在景观体验上，桥梁局部人车分离，将人行道抬高，以给四大主场馆提供更好的景观体验。用低调沉稳的白色，充分展示对周围四大场馆建筑的尊重及与周围环境的协调。

桥梁基础数据

项目地点：陕西省西安市
设计时间：2021年1月
建成时间：2021年7月
跨越河流：灞河
桥梁规模：全桥总长1478m，其中主桥长867m，最大跨径70m
桥面宽度：标准段净宽7m
设计荷载：城-B汽车荷载；人群荷载4.5kN/m²
桥梁结构：主体钢结构+钢混墩柱和墩台
桥面面积：8980m²

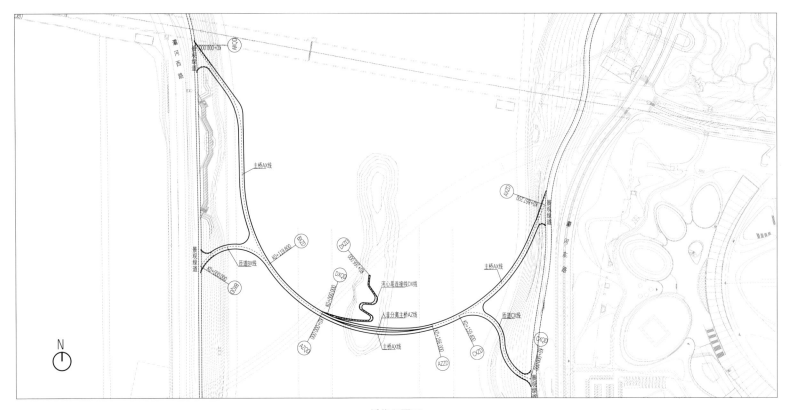

桥位平面图

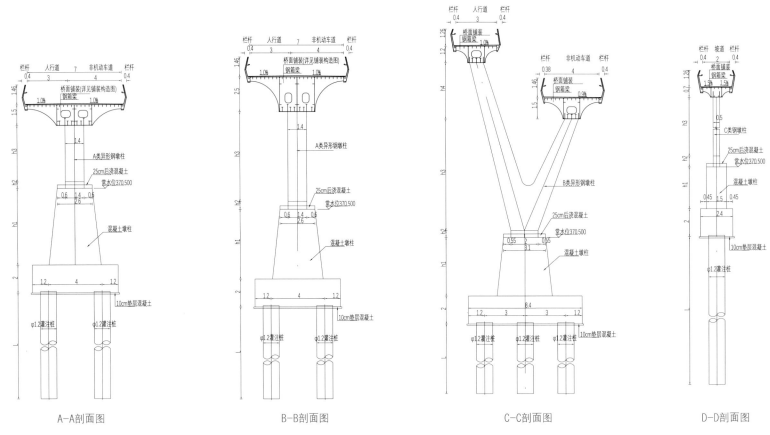

A-A剖面图　　　B-B剖面图　　　C-C剖面图　　　D-D剖面图

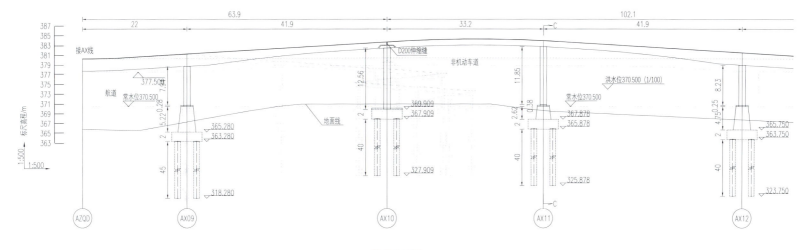

节点立面图

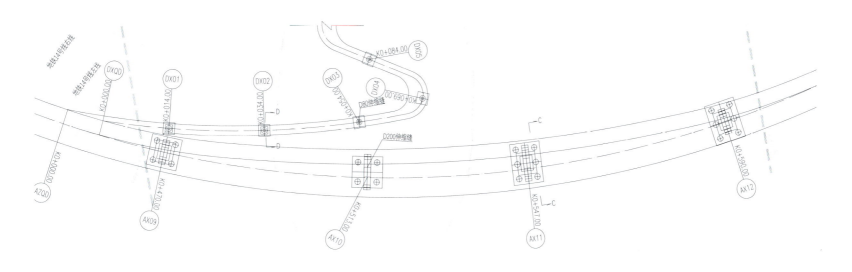

节点平面图

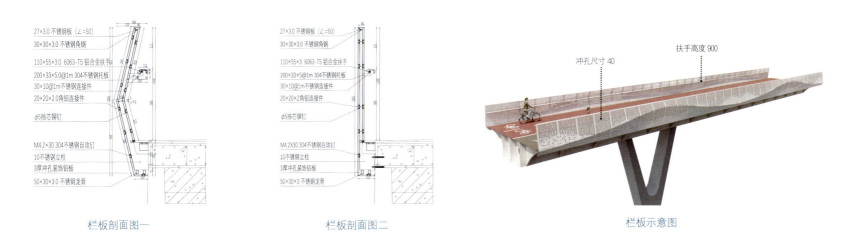

栏板剖面图一　　　　　　栏板剖面图二　　　　　　栏板示意图

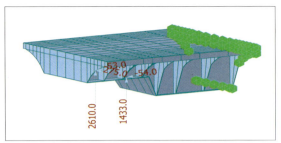

AX14处梁端细部模型

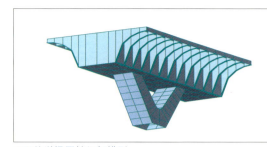

AX14处钢盖梁细部模型

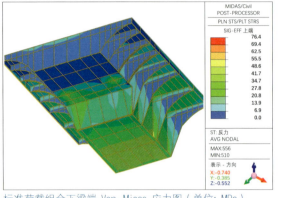

AX05处墩梁固结细部模型

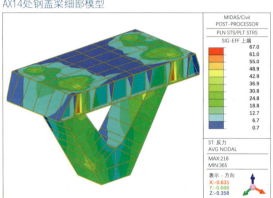

标准荷载组合下梁端 Von-Mises 应力图（单位：MPa）

标准荷载组合下梁端 Von-Mises 应力图（单位：MPa）

标准荷载组合下墩梁固结处 Von-Mises 应力图（单位：MPa）

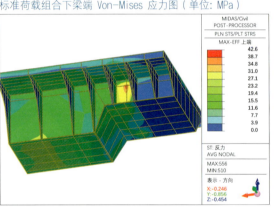

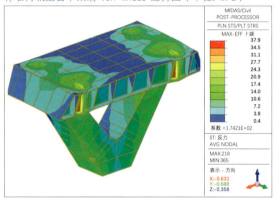

标准荷载组合下梁端 剪切应力图（单位：MPa）

标准荷载组合下梁端 剪切应力图（单位：MPa）

标准荷载组合下墩梁固结处剪切应力图（单位：MPa）

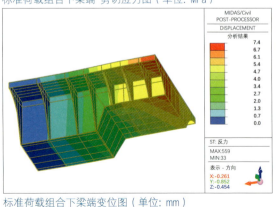

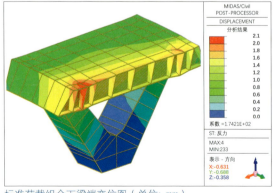

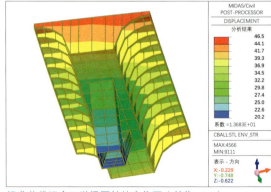

标准荷载组合下梁端变位图（单位：mm）

标准荷载组合下梁端变位图（单位：mm）

标准荷载组合下墩梁固结处变位图（单位：mm）

a）标准组合作用下，AX14处梁端及钢盖梁的最大Von-Mises应力为76.4MPa，小于Q355D的钢结构强度设计值270MPa，最大剪切应力42.6MPa，小于Q355D的钢结构剪切强度设计值155MPa，同时满足本细节规定（按照梁单元1.7倍计算强度），故结构满足强度要求及规范要求。b）标准组合作用下，结构变形较小，且无突变现象。c）标准组合作用下，无局部失稳可能。

a）标准组合作用下，AX05处墩梁固结处的最大Von-Mise应力为177.8MPa，小于Q355D的钢结构强度设计值270MPa，最大剪切应力95.4MPa，小于Q355D的钢结构剪切强度设计值155MPa，故结构满足强度要求及规范要求。b）标准组合作用下，结构变形较小，且无突变现象，故无局部失稳可能。

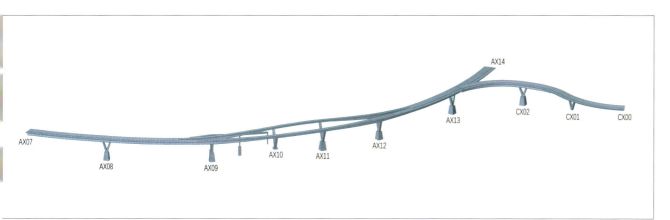

结构计算模型：
选取最大跨及最不利跨段：AX07-AX14、AZ全联、CX00-CXZD及DXQD-DX03进行。

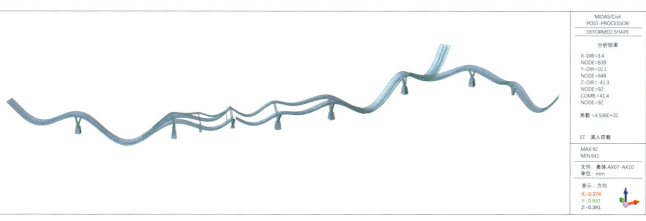

位移：
满人情况下，人行桥挠度允许值为$L/600$，即最大跨度（70m）为116.67mm，图中最大变形值为62.97mm+15.07mm=78.04mm。

屈曲分析：
慢行桥的第一阶整体屈曲模态特征值为120.3，表现为DXQD-DX03联侧弯，参照桥梁结构及大跨钢结构的屈曲分析，屈曲模态特征值的经验值不小于10，主桥的屈曲分析能够满足设计的一般经验要求。

强度计算：
钢箱梁正应力236.88MPa，钢柱正应力163.42MPa；钢结构的剪应力23.77MPa。

衢州市礼贤桥

衢州市礼贤桥位于衢江大桥至西安门大桥段，东接衢江中路，穿严家淤半岛，上跨衢江，西连紫薇中路，桥梁为连接衢州新区与老城区的人行及非机动车通道。

桥梁主线全长551m，桥梁标准宽10m，代表着新城与旧城的连接。设计采取现代工程科学技术手段，采用上下错落曲线钢桁架形式，最长跨度70m，符合单向通航Ⅲ级航道标准，做到结构形式与功能完美结合。

设计将中国拱桥的文化意涵运用于现代桥梁。将一条代表人行拱桥的曲线叠加在自行车道的拱桥上，两道曲线上下交错，除了增加拱形的视觉效果外，交集空间为行人预留了赏景停留的节点。当行人行进在曲线拱桥上时，随着桥身高度变化能获得不同的视野与观景感受。

衢州的活力被一座桥激发了。信安湖景观桥开通当天，虽然天空飘着细雨，但参与"绿色通行，揽景信安，走进'衢时代'"市民健行的活动队伍，已经早早地来到信安湖景观桥东侧准备，庆祝这座桥给衢州人民带来了便利。当地人形容："以往见过的桥都是冷冰冰的，而这座桥却是充满活力的。"夜幕降临，桥上的人更多了，远观如群龙起舞，近观如仙女下凡。

桥梁基础数据

项目地点：浙江省衢州市
设计时间：2016年5月
建成时间：2017年5月
跨越河流：衢江
桥梁规模：全桥总长551m，最大跨径75m
桥面宽度：标准段净宽10m
桥面面积：9448m^2
设计荷载：城-B级，人群4.5kN/m^2
上部结构：异型钢桁架和连续钢箱梁组合结构
下部结构：变截面混凝土或钢墩柱
通航净空：Ⅲ级航道
防洪标准：100年一遇

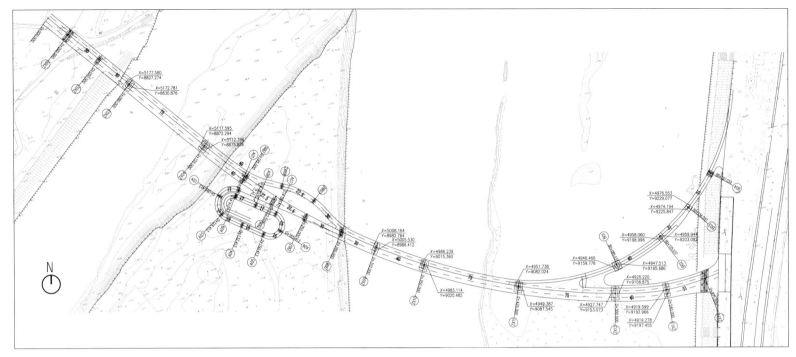

桥位总平面图

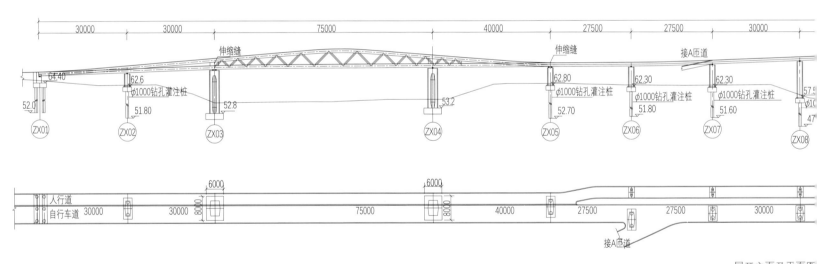

展开立面及平面图

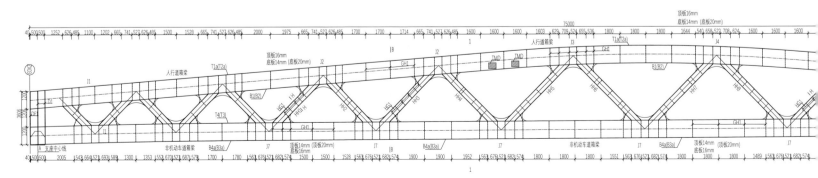

主梁立面图

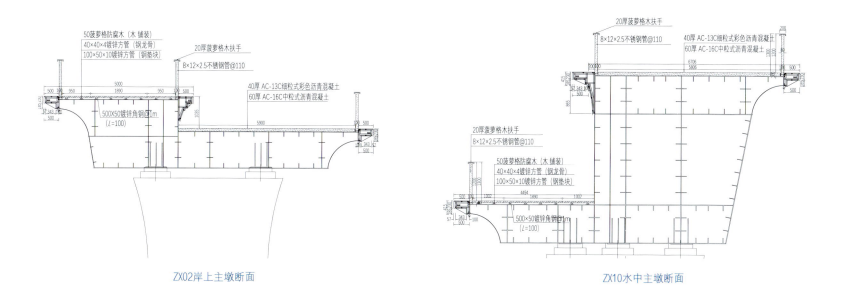

ZX02岸上主墩断面　　ZX10水中主墩断面

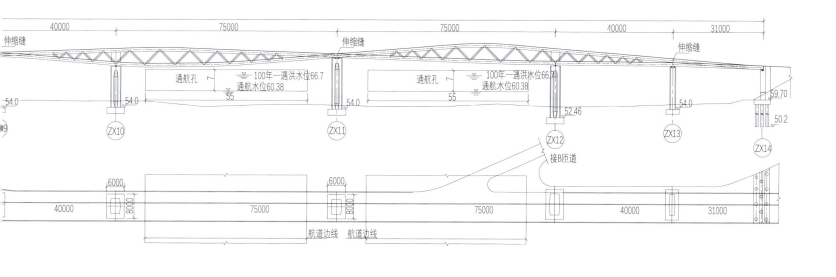

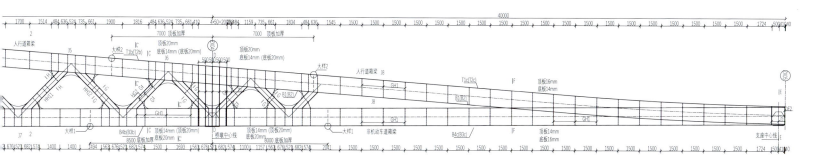

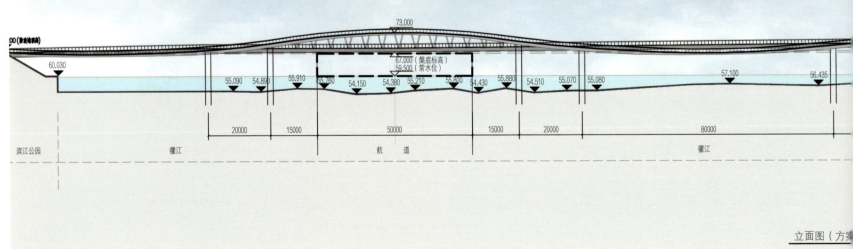

立面图（方案

-250-

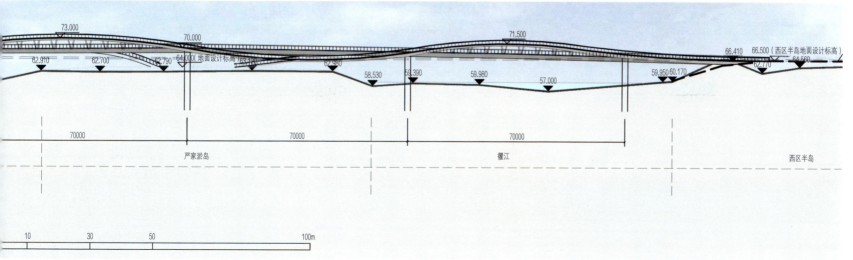

邯郸市园博园"梦泽飞虹"桥

项目位于河北省第四届（邯郸）园博会园区内，设计运用中国传统农业中"梯田"和"陂塘"的形式，结合科学的生态净化方法，将城市排放的废弃中水引向山顶，再经过台地植物层层净化。

"梦泽飞虹"是一座形态优雅的白色栈桥。由于园区的中部被沁河、西湖水库、溢洪道隔开，因此修建了这条全长约1.5km、从水库北侧边缘"划过"的多功能栈桥，以使园区内部可以形成一条完整的主要交通立体环线。桥体采用流动线条设计手法，像一条彩虹在湖面和栖岛之间穿过，成为西湖水库北侧的视觉焦点，并作为连接西湖水库的主要纽带。

"梦泽飞虹"桥的宽度需满足步行交通和电瓶车通行的要求。设计采用了平行、交叉式的桥上空间模式：在3个主入口处加宽桥面，实现步行和车行同时上桥之后，将步行空间拆分出来，依桥的形态和周边景观的变化设计两层立体桥面，高可远眺湖景，低可观鸟亲水，桥上漫步变为一种独特、多样化的空中体验。桥体的立面设计根据桥形的走向以及外挂铝板和栏杆的渐变呈现起伏，在保持整体感的前提下，让桥的侧面从视觉上显得更加轻薄，营造出桥体在水上漂浮的灵动感，再通过灯光变化勾勒出桥身的婀娜，让夜间的"梦泽飞虹"桥更加虚幻动人。

现如今，来到邯郸园博园，穿过青竹幽径，沿栈道蜿蜒直上，到达清渠山之环，环形连廊立于园区最高点，近可俯瞰整个园区，远可观望邯郸城区。

桥梁基础数据

项目地点：河北省邯郸市
设计时间：2018年11月
建成时间：2020年11月
桥梁规模：全桥总长约1358m，最大跨径50m
桥面宽度：标准段净宽5m，局部净宽6m
设计荷载：人群4.5kN/m^2
上部结构：等截面连续钢箱梁+钢桁架
下部结构：矩形混凝土桥墩
基础形式：承台+钻孔灌注桩基础
景观装饰：外侧铝板装饰，浅灰色钢栏杆条+芬兰木扶手

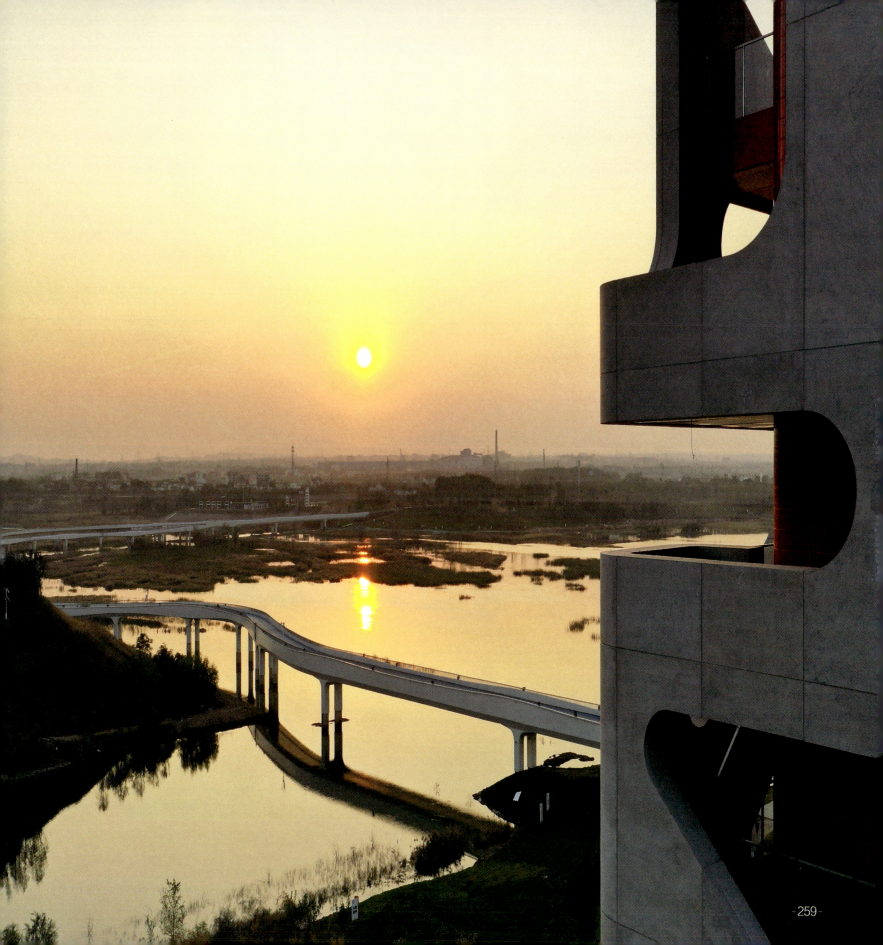

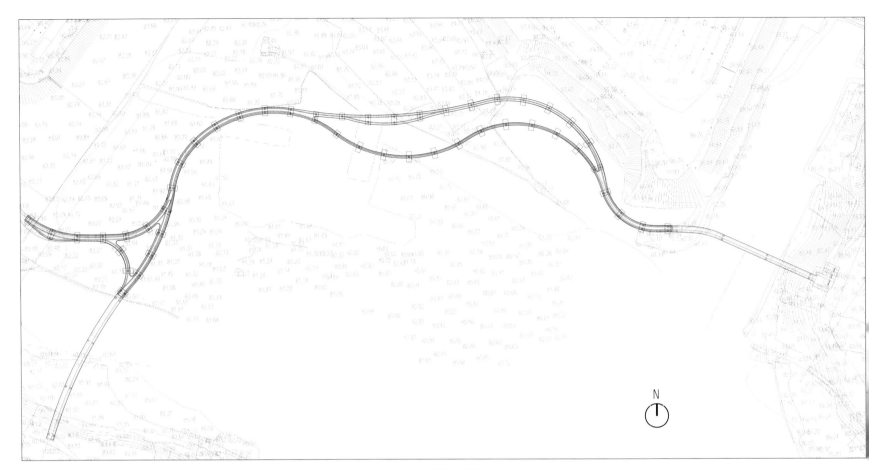

梦泽飞虹桥桥位总平面图

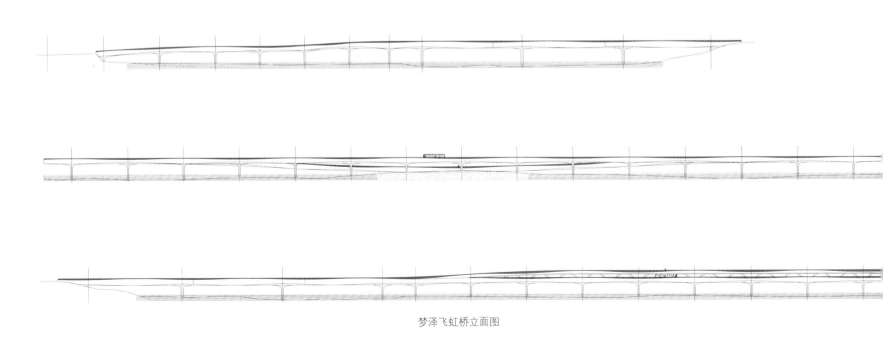

梦泽飞虹桥立面图

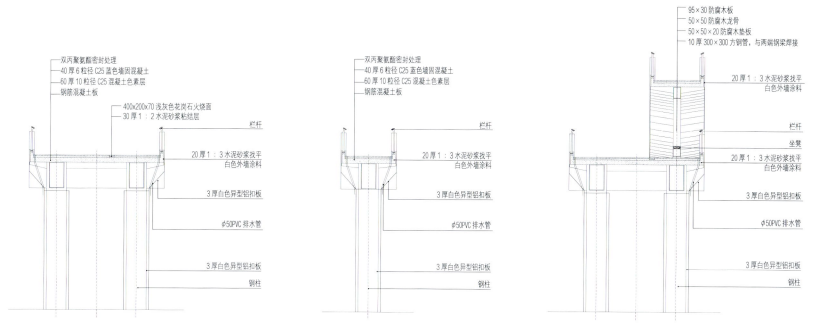

梦泽飞虹桥剖面图

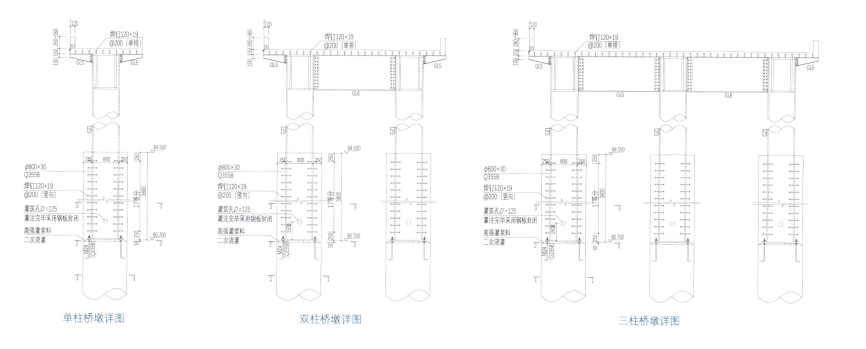

单柱桥墩详图　　双柱桥墩详图　　三柱桥墩详图

梦泽飞虹桥立面图

唐山市超级绿道及跨南湖大道景观桥

唐山以中国凤凰城闻名，因此唐山超级生态廊道以凤凰为主题。景观廊桥以"翩跹彩凤，悠游绿廊"为设计理念，其色彩提取自凤凰并连续渐变地运用于不同地段，力求因地制宜地与周边环境结合。

唐山超级绿道全长10.5km，沿线桥梁形式为钢结构箱梁，桥面宽4m，桥梁护栏为不锈钢彩色遮板，以高架桥梁贯穿东湖花海、陡河、大城山公园、凤凰山公园、大钊公园、抗震纪念碑广场、影视基地和南湖景区，整合东部、中心区和南部景观带的人文旅游资源。项目将三山、三园、一湖、一花海等生态节点"串珠成链"，形成一条国内一流的生态景观长廊。

经过城市中有活力的公园，或穿越城市中车水马龙的闹市的景观桥，会发现它们皆以红色为主要色调，火红的颜色好似凤凰在火中重生并得到永生，同时又象征着火红的钢铁，展现出唐山的工业历史和拼搏奋斗的精神内涵。整体的夜间照明效果使夜晚的景观桥犹如一只金色的凤凰翩翩起舞于南湖景区近旁。文化路—新华道景观桥靠近唐山抗震纪念碑，由于景观桥距离抗震纪念广场较近，因此新华道段景观桥采用低调沉稳的银灰色，充分展示了对唐山抗震纪念碑及纪念馆的尊重和敬畏，与纪念碑及周围环境协调，突出纪念意义。

唐山生态廊道的建设，是一项民生工程，极大地改善了市民的休闲环境，方便了市民出行；唐山生态廊道的建设，是一次城市再生，最大化提升了唐山的城市面貌与品质，丰富了唐山的文化内涵，有助于唐山实现"宜居宜业宜游的现代化国际城市"目标。

桥梁基础数据

项目地点：河北省唐山市
设计时间：2019年7月
建成时间：2020年12月

超级绿道

桥梁规模：全桥总长约10500m，最大跨径65m
桥面宽度：标准段净宽4m
桥面面积：8980m²
设计荷载：人群4.5kN/m²
上部结构：多种结构组合
下部结构：变截面钢墩柱

跨南湖大道桥

桥梁规模：全桥总长767.9m，最大跨径40m
桥面宽度：标准段净宽12m
桥面面积：8980m²
设计荷载：人群4.5kN/m²
上部结构：异型空间钢桁架+等截面连续钢箱梁
下部结构：异型钢墩柱

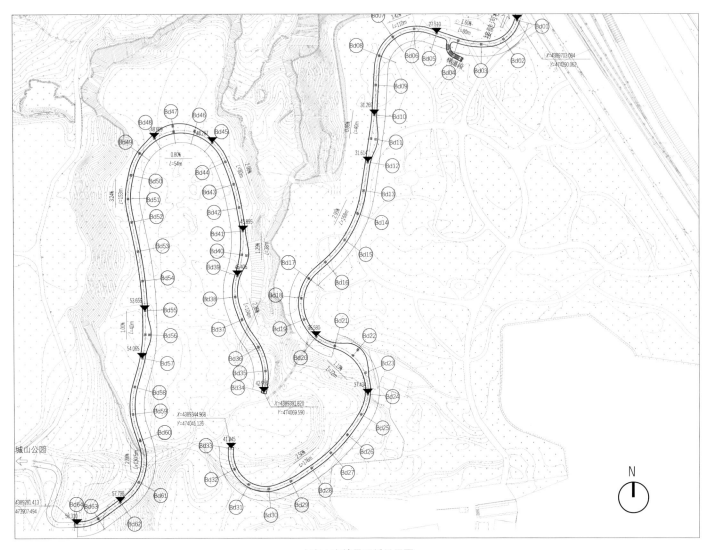

大东山东坡景观桥总平面

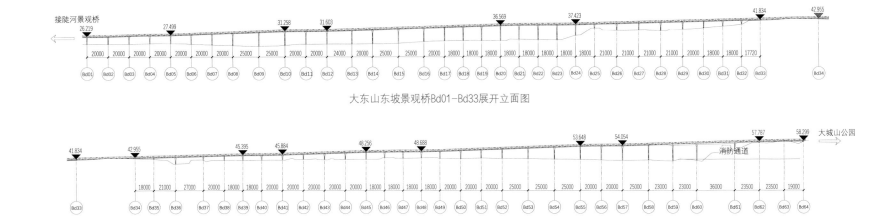

大东山东坡景观桥Bd01-Bd33展开立面图

大东山东坡景观桥Bd立面图4-Bd44展开立面图

注：以上立面图除竖向以m为单位外，其余均以mm为单位

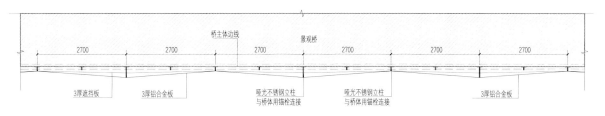

标准段平面图

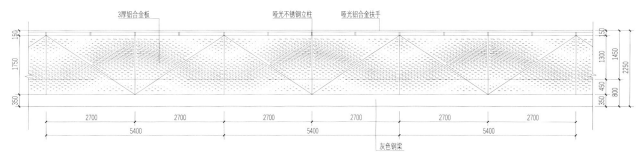

标准段立面图

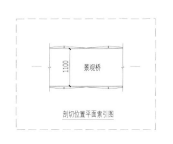

剖切位置平面索引图

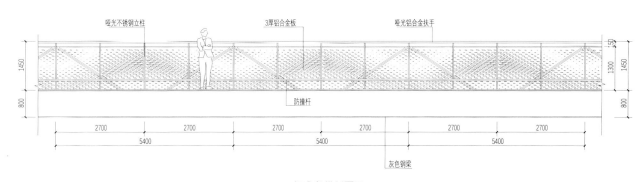

标准段纵剖面图

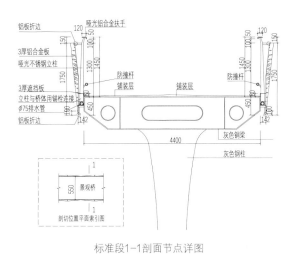

标准段1-1剖面节点详图　　　　　标准段2-2剖面节点详图

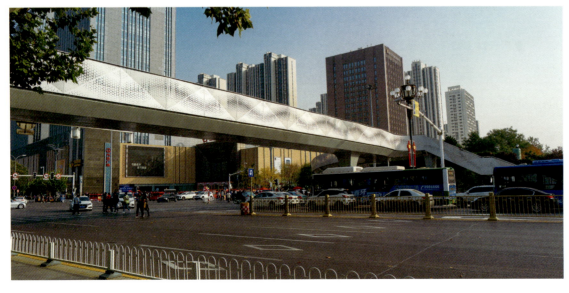

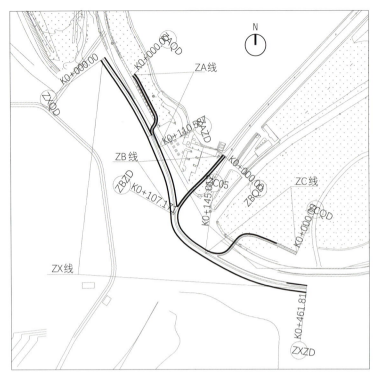

南湖大道跨线景观桥（西桥）总平面图

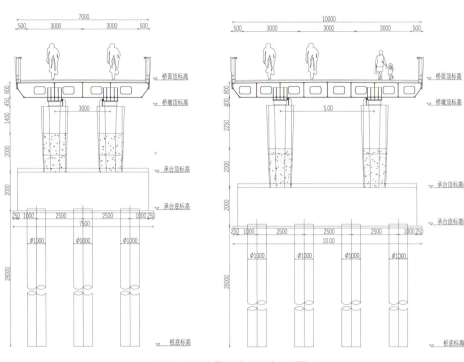

南湖大道跨线景观桥（西桥）剖面图

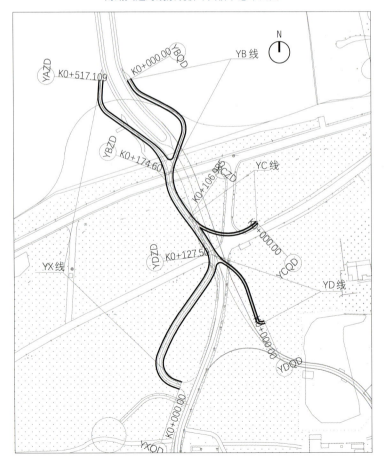

南湖大道跨线景观桥（东桥）总平面图

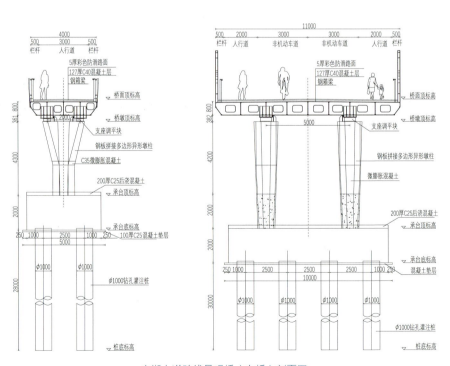

南湖大道跨线景观桥（东桥）剖面图

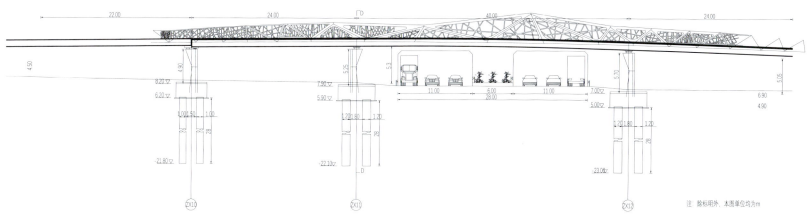

南湖大道跨线景观桥(西桥)立面图

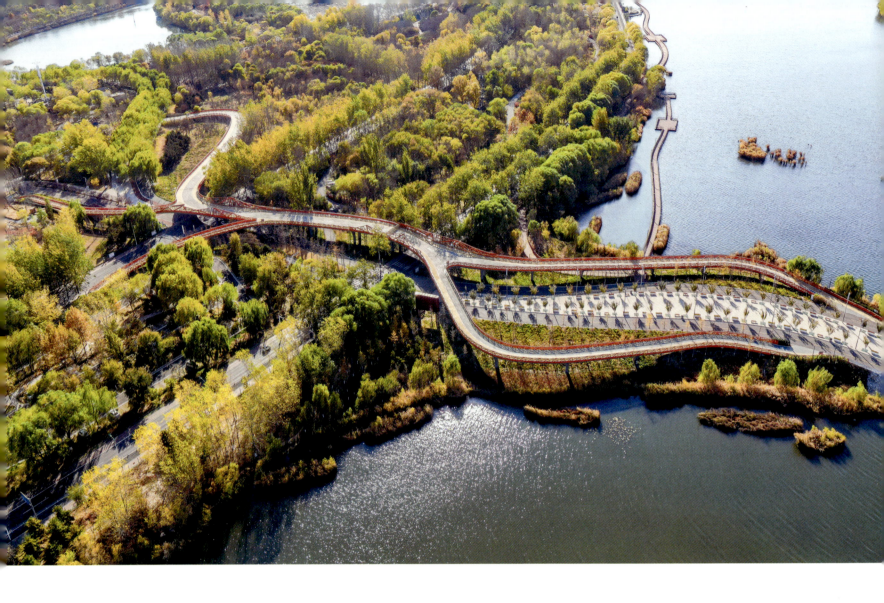

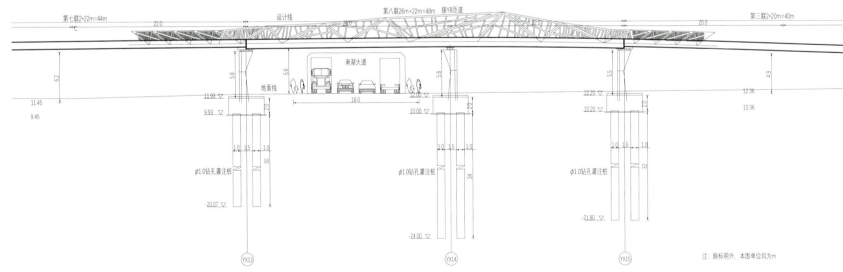

南湖大道跨线景观桥（东桥）立面图

金华市燕尾洲八咏桥

燕尾洲地块位于金华市多湖片区东市街以西、三江国际花园以北、义乌江和武义江汇合处。周边环境良好，北有古子城、八咏楼及婺州公园，南有艾青公园、樱花公园，西面与五百滩隔江而望；是八婺文化的见证，同时也是现代生态城市的必要组成部分。

燕尾洲的大部分土地已经被开发为金华市的文化中心，现建有中国婺剧院，为曲线异形建筑，洲两侧的堤岸分别是密集的城市居民区和滨江公园，但受开阔的江面阻隔，市民难以到达和使用洲上的文化设施。

桥在供市民使用的同时，保护这城市中心仅有的河漫滩生境；建立一个与洪水相适应的水弹性景观；连接城市南北，给市民提供便于使用的公共空间。连接城市与自然、历史与未来，横跨三江六岸的富有弹性和动感的步行桥，也连接了城市的南北两大组团，以及城市与江洲公园。

步行桥的设计以金华当地民俗文化中的"板凳龙"为灵感来源。选用具有民俗特征和喜庆炽烈的色彩，红黄交替。桥面以环保材料竹木铺设，发光栏杆则选用了新型的透光玻璃钢材料。八咏桥蜿蜒多姿，是一条连接通道，更是体验场所，吸引了大量的游客和居民，每天平均有4万余人使用该桥。它强化了市民对乡土文化的认同感和归属感。

桥梁基础数据

项目地点：浙江省金华市
设计时间：2010年8月
建成时间：2014年5月
跨越河流：义乌江210m，武义江180m
桥梁规模：全桥总长763.7m，最大跨径30m
桥面宽度：标准段宽5m，匝道宽度4m
桥面面积：5556m²
设计荷载：人群4.5kN/m²
上部结构：等截面连续钢箱梁
下部结构：变截面钢墩柱
通航净空：Ⅵ级航道
防洪标准：主线50年一遇，匝道20年一遇
所获奖项：2015世界建筑节（WAF）全球最佳景观奖
2018中国建筑设计奖·园林景观专业奖一等奖

八咏桥总平面图

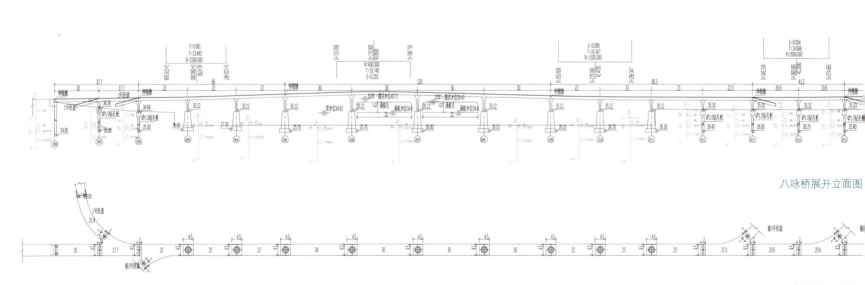

八咏桥展开立面图

八咏桥展开平面图

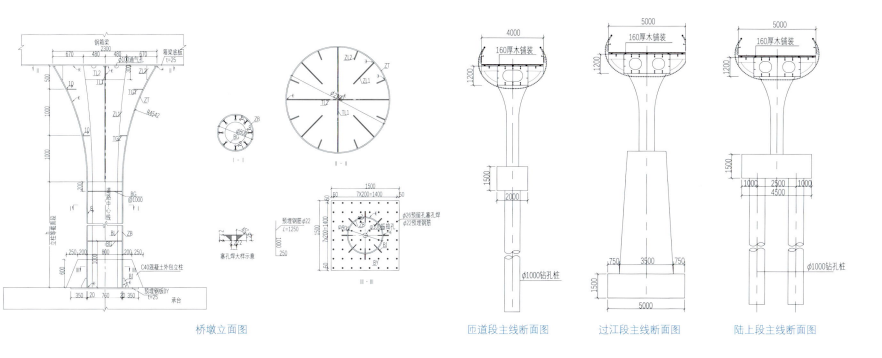

桥墩立面图　　匝道段主线断面图　　过江段主线断面图　　陆上段主线断面图

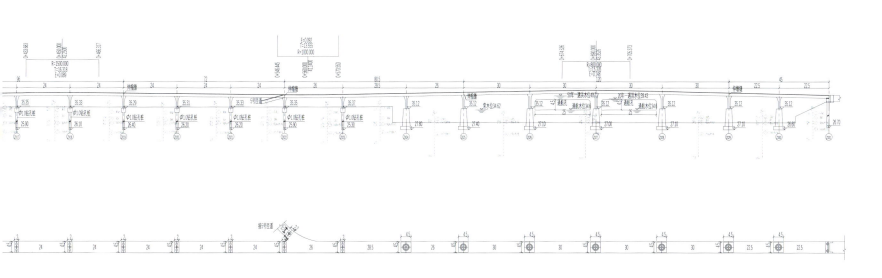

六盘水市明湖湿地公园飞虹桥

六盘水市位于贵州西部、云贵高原腹地，是一个在20世纪60年代中期建立起来的工业城市，城区人口密集，在60km²的土地上，居住了约60万人口。城市以其凉爽的高原气候而著称，城市被石灰岩山丘环抱，水城河（又名响水河）穿城而过。水城河发源于钟山区窑上，河长26.5km，水城河所在的三岔河水系是长江上游重要支流乌江的分支之一。

为保证整体水系用水，设计师将人流攒动的空间变为架于水上的廊道。桥梁上部结构采用钢框架梁，外侧表面采用白色氟碳喷涂；桥梁墩柱采用Y型钢柱。桥面铺装采用防腐木+镀锌钢管龙骨；桥梁栏杆采用30mm厚异形扁钢+直径35mm横条型钢管栏杆，栏杆高度1050mm，栏杆顶部设置防腐木扶手。桥梁照明方面，在栏杆下槛处设置侧壁灯，间隔1.5m，满足功能性照明要求。

飞虹桥的搭建让城市中繁忙而快节奏生活的人们舒缓下来，正如湿地中缓缓流淌的水体一样，静静享受这片快被遗忘的这片美好土地。飞虹桥被环抱于喀斯特地貌的群山中，作为文化线路起到了体验、整理和解译当地乡土文化景观的作用，不仅是湿地景观的统筹核心，也是当地"钢城"的标志。

桥梁基础数据

项目地点：贵州省六盘水市
设计时间：2009年9月
建成时间：2012年8月
桥梁规模：全桥总长1113m，标准跨径11m
桥面宽度：标准段宽3m，平台宽5~7m
设计荷载：4.5kN/m²
上部结构：连续钢梁
下部结构：异型钢墩柱
所获奖项：2015世界人道主义粮食与水奖2014美国
　　　　　景观设计师协会（ASLA）荣誉设计奖
　　　　　2013中国环境艺术奖金奖

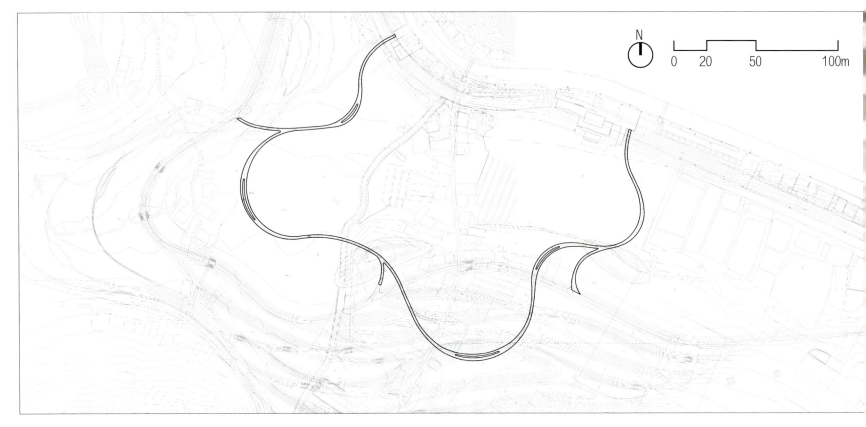

飞虹桥总平面图

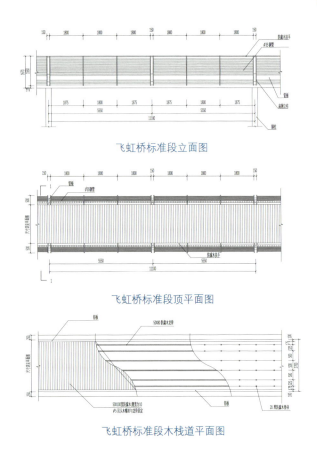

飞虹桥标准段立面图

飞虹桥标准段顶平面图

飞虹桥标准段木栈道平面图

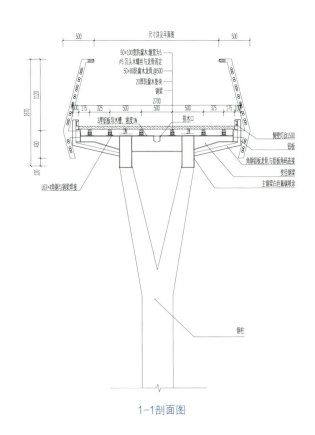

1-1剖面图

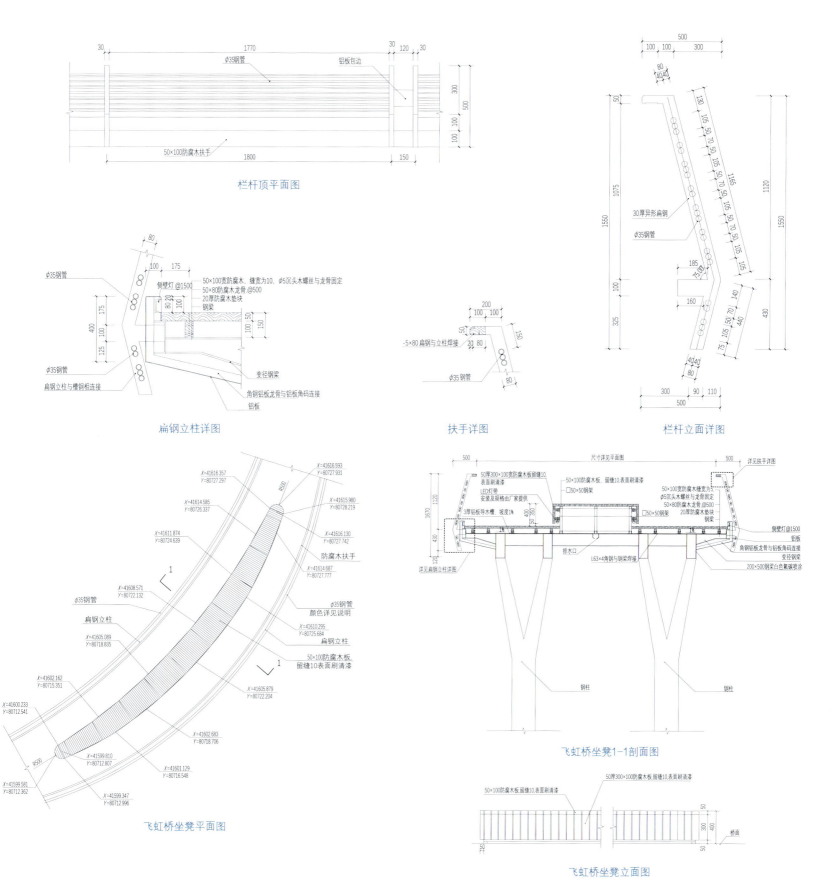

南昌市鱼尾洲湿地跨路空中廊桥

南昌鱼尾洲跨路空中廊桥位于鱼尾洲公园西南角，既是公园的主入口，也是连接道路两侧的景观人行桥。主入口设计包括景观绿化、Logo墙等，提供公园综合服务设施，包括茶室、简餐室、贵宾室、室外休闲活动区等，通过合理的处理手段，全面提升全区景观质量。桥梁灵感源自白鹭起飞，钢梁结构采用连续钢框架结构。桥墩采用异型钢桥墩，下接承台与预制桩基础，预制桩型号采用PHC型。主桥桥面铺装采用铝合金格栅+C45防水钢筋混凝土板，辅桥桥面铺装采用C45防水钢筋混凝土板。

项目为桥梁装饰工程，配套桥梁主体钢结构部分，贯彻融建筑设计、结构设计于一体的设计方针，本着体现方案意图，节能、环保的原则。桥梁设置栏杆、景观坐凳及景观棚等，以达到方案预期的效果。栏杆采用双层异型穿孔铝板和不锈钢龙骨，铝板造型为折线形，开孔为有韵律感的图案。桥梁照明灯具隐藏在栏杆之内和悬臂端部以下，使桥梁夜景照明灯光和装饰融为一体。日间桥梁简洁美观无冗余，夜间则见光不见灯。

桥梁基础数据

项目地点：江西省南昌市
设计时间：2019年5月
建成时间：2021年5月
桥梁规模：全桥总长366m，最大跨径35m
桥面宽度：净宽2m
桥面面积：846m^2
设计荷载：3.5kN/m^2
上部结构：连续钢桁架
下部结构：异型钢墩柱
所获奖项：2022 AZ Awards最佳景观奖、环境领导力奖

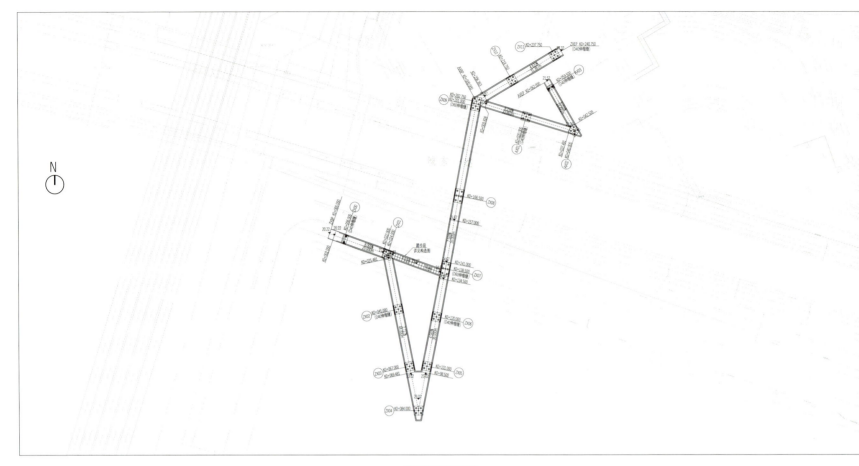

廊桥平面布置图

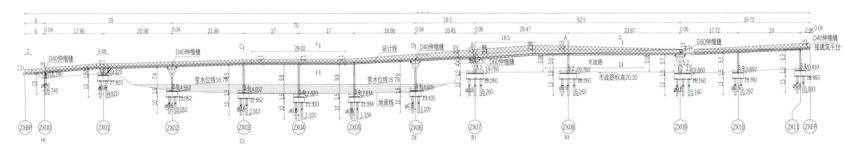

左线装饰立面构造图

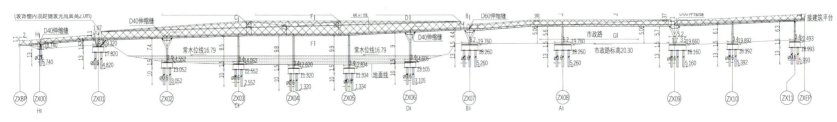

右线装饰立面构造图

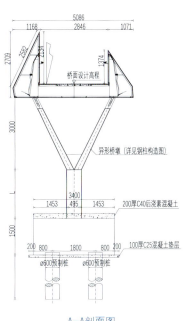
A-A剖面图

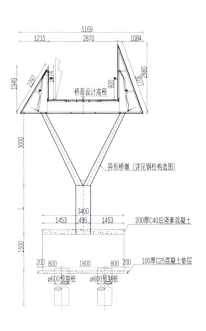
B-B剖面图

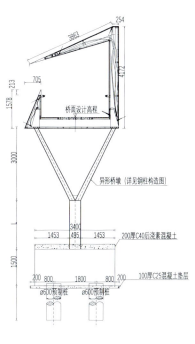
C-C剖面图

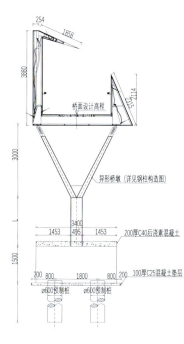
D-D剖面图

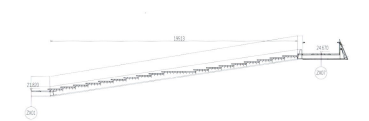
纵剖面图

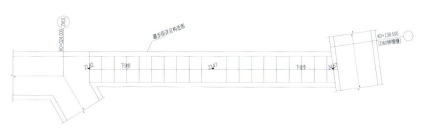
楼梯平面图

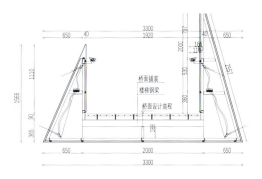
ZX01处剖面图

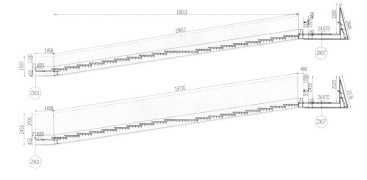
楼梯装饰立面构造图（上为左线，下为右线）

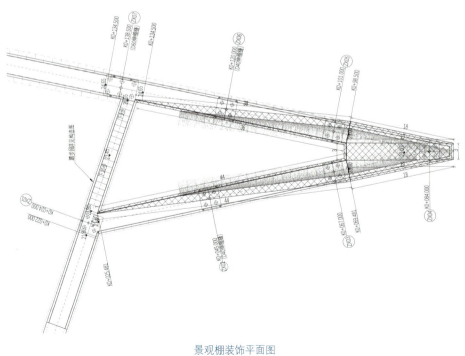

景观棚装饰平面图

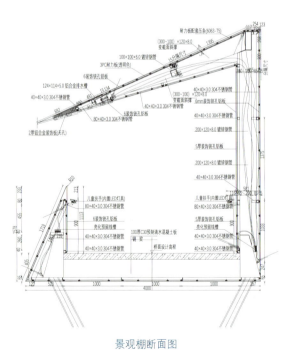

景观棚断面图

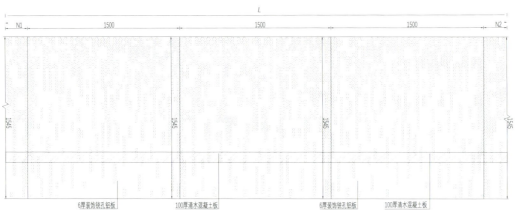

标准段栏杆立面图

浦江县浦阳江生态廊道

"五水共治"是浙江的伟大创举,从治理金华浦江县的母亲河浦阳江开始。设计运用了最小干预的景观策略,结合硬化河堤的生态修复、改造利用农业水利设施,设计了安全便捷的慢行交通网络,将过去污染严重的河道彻底转变为受市民喜爱的生态、生活廊道。

浦阳江两岸枫杨林茂密,长约25km的自行车道系统大部分利用了原有堤顶道路,以减少对堤上植被的破坏;所有步行栈道都由设计师在现场定位完成,力求保留滩地上的每一棵枫杨,形成一种灵动的景观游憩体验。

场地内现存大量水利灌溉设施,包括浦阳江上7处堰坝、8组灌溉泵房以及一组具有鲜明时代特色的引水灌溉渠和跨江渡槽。设计保留并改造了这些水利设施,通过巧妙的设计,在保留传统功能的前提下将其转变为宜人的游憩设施。经过对渡槽进行安全评估以及结构优化,设计将其与步行桥梁结合起来,并通过对凿山而建的引水渠的改造形成连续、别具一格的水利遗产体验廊道。该体验廊道建成后长约1.3km,是最小干预设计手法运用成功的体现。设计在原有渠道基础上架设轻巧的钢结构龙骨并铺设了宜人的防腐木铺装,通透的安全栏杆和外挑的观景平台与场地上高耸的水杉林相得益彰。被保留的堰坝和泵房经过简单修饰成为场地中景观视线的焦点,新设计的栈道与其遥相呼应,形成了特有的新乡土景观。通过运用保护与再利用的设计策略,留住了乡愁记忆,也保留了场地的时代烙印,让人们在休闲游憩的同时品味艺术与教育的价值。

桥梁基础数据

项目地点:浙江省金华市浦江县
设计时间:2014年6月
建成时间:2016年12月
桥梁规模:全桥总长635m
桥面宽度:标准段宽4m,匝道宽2.5m
桥面面积:2313m²
设计荷载:5.0kN/m²
上部结构:连续钢箱梁
下部结构:变截面圆形钢墩柱
所获奖项:2019 APA国际规划杰出奖·伊恩麦克哈格环境规划奖
2019国际绿色设计先锋奖

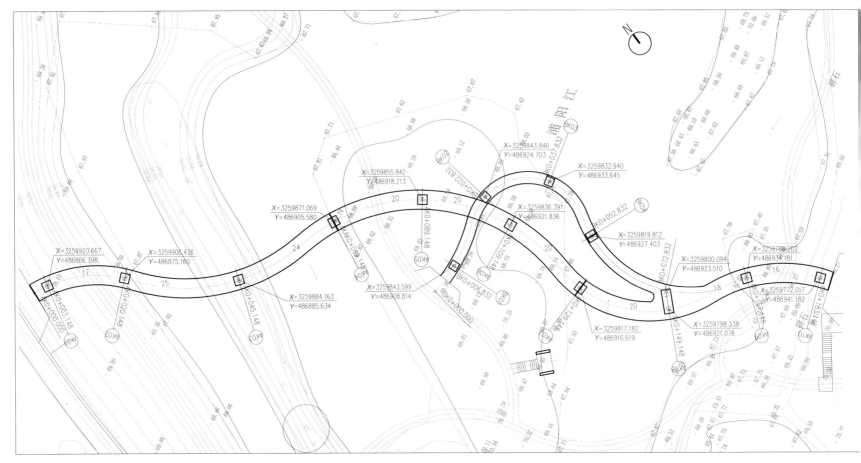

桥位平面图

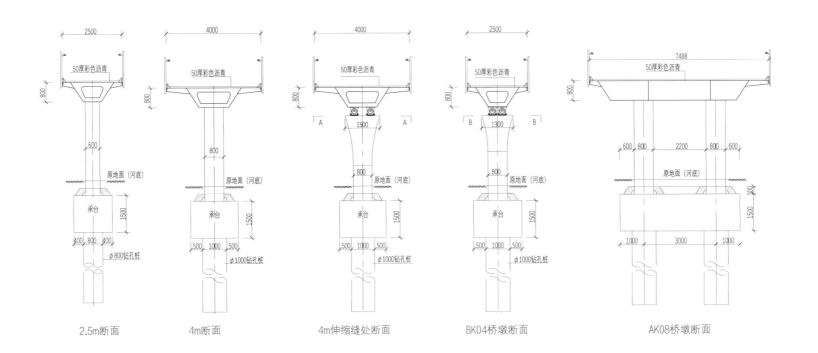

2.5m断面　　4m断面　　4m伸缩缝处断面　　BK04桥墩断面　　AK08桥墩断面

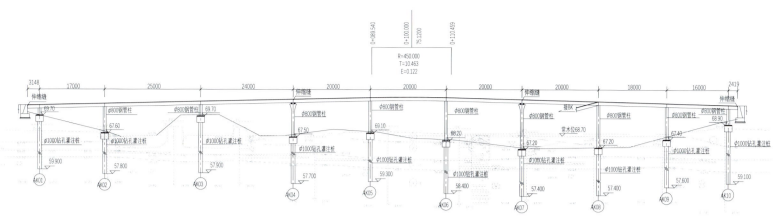

桥梁展开立面图

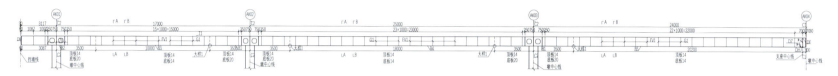

钢箱梁立面图

钢箱梁平面图

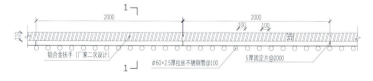

栏杆一做法平面图

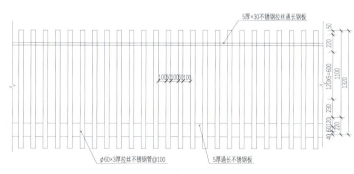

栏杆一做法正立面图

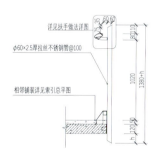

栏杆1-1剖面图

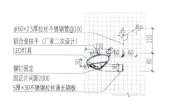

扶手做法详图

睢宁县流云水袖桥

项目位于江苏省徐州市睢宁县，睢宁与江苏省其他地区相比，在城市化过程中相对滞后，而近年来，在政府的推动下，招商引资获得巨大成功，城市进入快速发展期，但原有的步行空间和尺度都面临挑战。新的行政中心区和居住区脱开老城建设，同时也使社区间的联系面临困难；水系和多个绿地及广场相继建成使用，但自然水系沟壑及快速而宽广的大马路妨碍了人们对绿地的使用。

流云水袖桥通过利用简单而优美的市政元素，将复杂的城市功能和空间结构整合在一起。桥位于睢宁县徐宁路，跨越横穿城市的快速干道和多个水系，连接县城核心区的广场和马路对面的森林公园。主桥全长635m，总建设长度869m，总面积2700m^2。4道辅桥总长242m，桥面宽度2.5~6m，桥面坡度为0.4%~12.6%。流云水袖桥过路面的桥下净空保证4.5m以上。

流云水袖桥最初为加强和合广场与森林广场的联系而建，使被快速道徐宁路划开的两大城市开放空间重新整合起来，避免了车流和人流平面相交时发生冲突，保障了人们在穿越时的安全。在满足功能需求的前提下，设计紧扣"水"这一主题，从舞动的水袖之流畅柔美的形态中获得灵感。桥在三维空间中婉转起伏，体现了行云流水般的美感。此外，精心的灯光设计使这条"流云水袖"能更自由舒畅地挥舞在城市广场、水体和林地的上空。流云水袖桥是城市景观功能和形式完美结合的典范。

桥梁基础数据

项目地点：江苏省徐州市
设计时间：2009年7月
建成时间：2010年7月
桥梁规模：全桥总长869m
桥面宽度：宽2.5~6m
设计荷载：4.5kN/m^2
上部结构：连续钢框架
下部结构：Y型钢墩柱

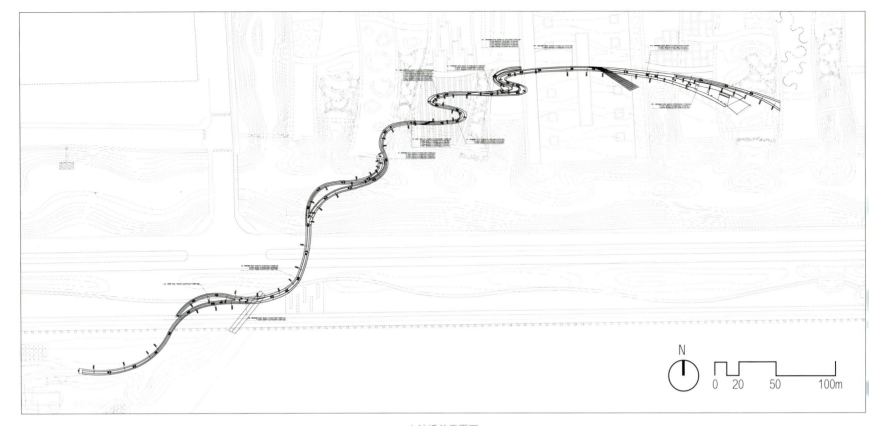

水袖桥总平面图

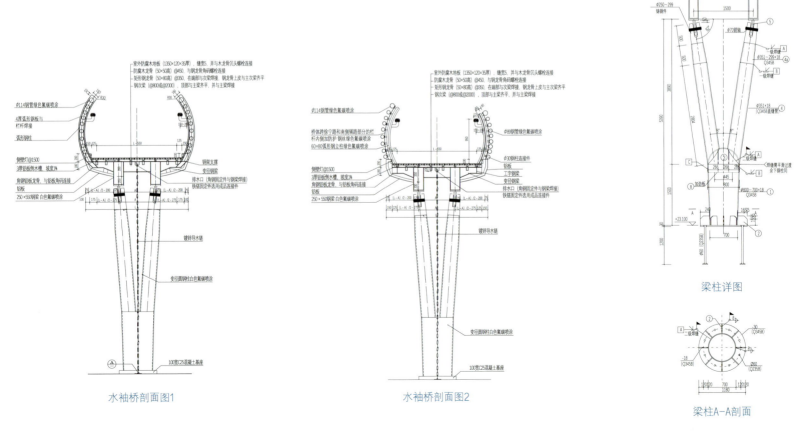

水袖桥剖面图1

水袖桥剖面图2

梁柱详图

梁柱A-A剖面

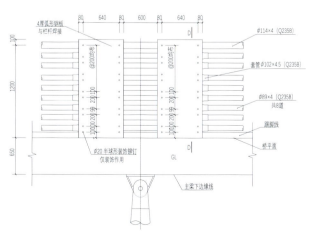

桥面梁栏杆柱顶处节点（加装饰板）

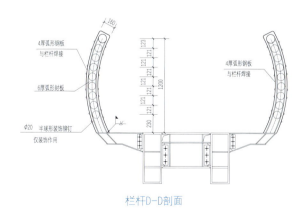

栏杆D-D剖面

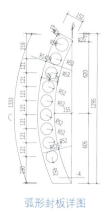

弧形封板详图

金华市王坦溪景观桥

项目位于金华市金东区，西接金华婺城区，东承义乌市，地处金义都市区核心位置。义乌江规划范围内大部分地区已经建成，设计主要进行局部改造。在新建住区中引入通江功能廊道和景观廊道，激活滨江活力，通过局部更新植入片区和社区服务职能，完善义乌段的城市职能，打通江城联系。

工程设计总用地面积约88hm^2，其中义乌江两岸设计用地面积约59hm^2，王坦溪两岸设计用地面积约29hm^2。其中，王坦溪景观桥是连接义乌江两岸的交通慢行纽带，桥梁面积约3610m^2，是市民生态休闲活动重要的交通枢纽和景观构筑物。市民能方便地到达江的两岸，节约了时间和距离成本。桥梁本身造型也独具特色。

桥梁的设计灵感来源于"未来之光"：聚桥头，迎接朝霞之光；探未来，体验科技之都。不仅空间功能丰富，还有配套的公共卫生间及管理用房。桥上设计两个景观节点空间，满足游人休憩观景的需要。

桥梁基础数据

项目地点：浙江省金华市
设计时间：2019年12月
建成时间：2021年7月
跨越河流：义乌江
桥梁规模：全桥总长526m，最大跨径58m
桥面宽度：净宽4.5~12m
桥面面积：3610m^2
设计荷载：人群4.5kN/m^2
上部结构：变截面连续钢箱梁
下部结构：变截面钢墩柱
通航净空：单向40m×5m
防洪标准：100年一遇

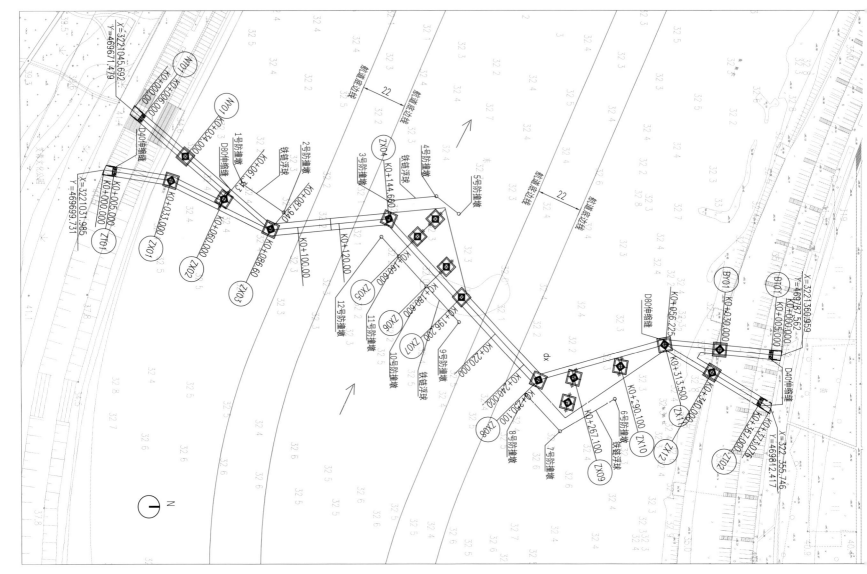

景观桥总平面图

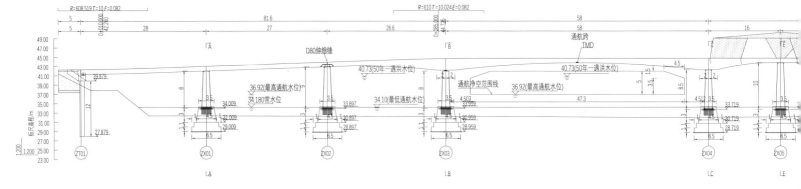

主桥立面图

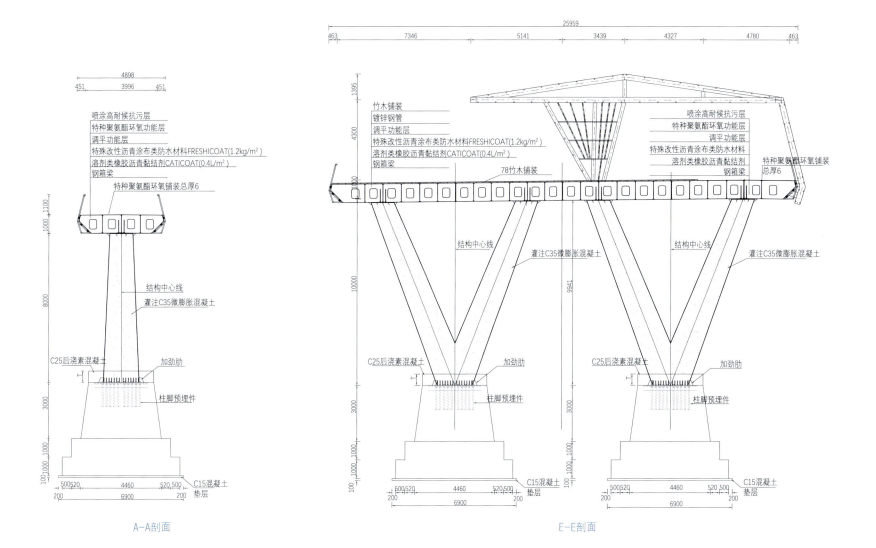

A-A剖面

E-E剖面

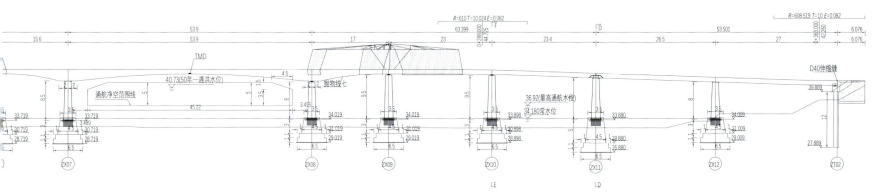

龙游县凤翔洲景观云桥

凤翔洲是衢江江心的一座岛屿，其北侧为著名的龙游石窟景区，南侧为正在发展建设中的城东新区。随着时间的推移，三者在龙游县的地位将更加重要。如何加强三者的连通，并达到资源共享的效果呢？项目通过一座"漂浮的桥梁"，有效地解决了这一问题。

凤翔洲由于其特殊的地理位置，未来会是龙游城区重要的大型活动空间，同时也是衔接城区与景区板块的配套功能缓冲区。为达到上述目标，需要解决岛屿功能定位、恢复岛屿生态环境、划分活动空间、老旧建筑再改造等诸多问题。

凤翔大桥桥梁总长1935.01m，其中主线总长1124.88m，引桥和匝道总长810.13m。依托城区地理优势，吸引市民休憩观光，连接人文与景区资源，整合已有建筑用地，统一开发岛屿。桥梁的架通，使人们可以很方便地到达江的对岸或者岛屿，节约了时间和距离成本。桥梁由1条主道和4条匝道组成，主道由南至北，横跨在岛屿之上，可允许公园电瓶车、非机动车和人通行，禁止其他机动车通过；3条匝道连通主道与岛屿，另1条匝道连通主道与南岸，仅允许自行车和人行通过。

项目两侧为丘陵和山地地貌，从此中提取高低不同的山脉的走势要素，似群山涉水而起。飞拱采用钢结构材料，跨度大且稳定性高。桥梁栏杆设计原则是在保障人行、车行安全的前提下，做到外形与周边景观相协调。栏杆内侧采用竹木板、外侧采用双层穿孔铝板作为装饰防护。桥上设计两个景观节点空间，供游人休憩观景。

桥梁基础数据

项目地点：浙江省衢州市
设计时间：2018年4月
建成时间：2020年7月
跨越河流：衢江
桥梁规模：全桥总长约1935m，最大跨径140m
桥面宽度：标准段净宽6.5m
桥面面积：11710m^2
设计荷载：城-B级0.6倍，人群4.5kN/m^2
上部结构：中承式异型钢结构拱桥和连续钢箱梁
下部结构：变截面混凝土和钢墩柱
通航净空：Ⅲ级航道，净空110m×7m
防洪标准：100年一遇

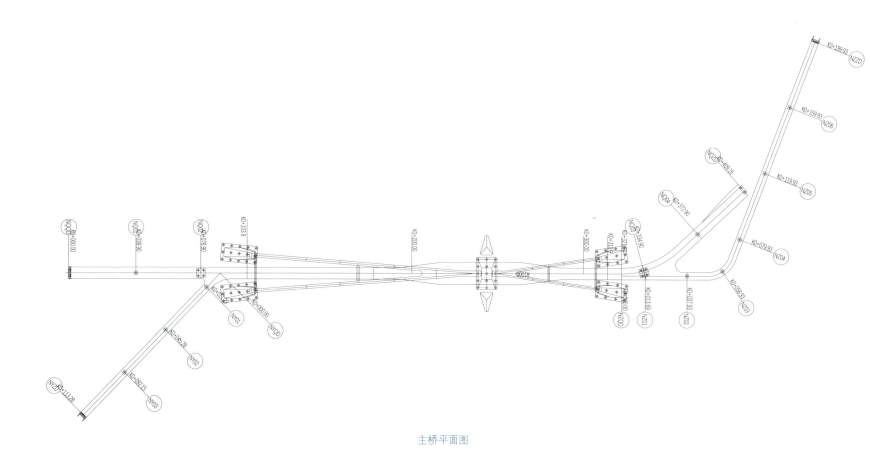

主桥平面图

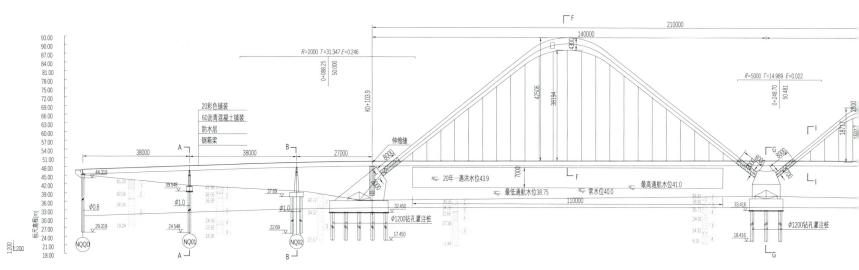

主桥立面图

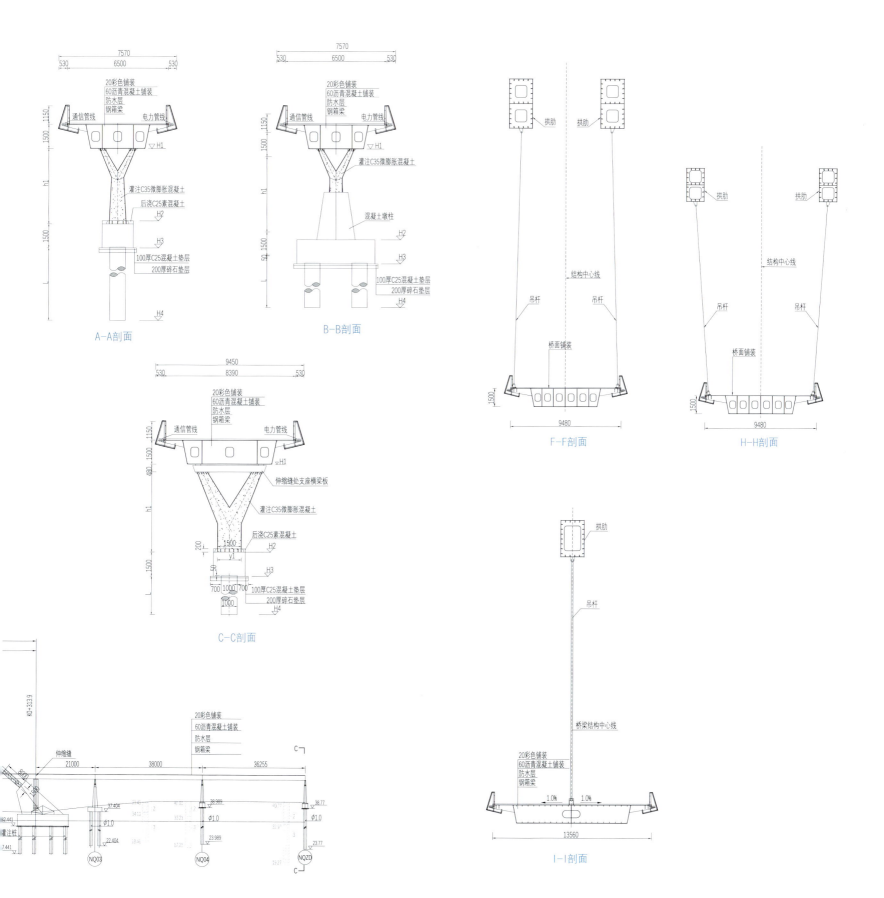

方案阶段及建设中的桥

LANDSCAPE BRIDGES

荆州市太湖港大桥/海湖大桥

桥梁基础数据

项目地点：湖北省荆州市
设计时间：2019年5月
跨越河流：引江济汉渠
堤顶净空：3.5m
渠道宽度：130m（含防洪堤）
防洪标准：100年一遇，百年一遇洪水位62.02m，常水位28.7m
安全等级：一级
使用年限：100年

太湖港大桥

桥梁规模：全桥总长653m，跨河主体结构长236m，两侧道路接线长417m，最大跨径150m，桥面宽15m
设计荷载：城-A级，两侧人行道荷载：人群4.5kN/m²
上部结构：斜拉桥，主梁钢箱梁，主塔为钢箱塔
下部结构：异型墩柱+承台+群桩基础

海湖大桥

桥梁规模：全桥总长659.4m，跨河主体结构长326m，两侧道路接线长333.4m，最大跨径136m
桥面宽度：35m
设计荷载：城-A级，两侧人行道荷载：人群4.5kN/m²
上部结构：下承式异型钢结构拱桥和连续钢箱梁
下部结构：变截面钢墩柱和混凝土轻型桥墩+承台+群桩基础

项目位于湖北省荆州市，横跨海子湖河流入口，为了完善荆州纪南文旅区环长湖的慢行系统，在海子湖河口以及引江济汉渠段兴建与慢行系统连接的桥梁。

环湖主路、自行车道、栈道三级道路共同构成一个游憩网络，让人悠游于荆楚大地的湖光山色中。设计尊重场地周边的古城遗址、文化遗产，通过探索人工建设与自然元素的平衡，实现人与自然的和谐共生。

项目为特大型桥梁，太湖港大桥总长653m，主体结构为斜拉桥，最大跨径150m；海湖大桥总长659.4m，主体结构为下承式异型钢结构拱桥，最大跨径136m。

按照湖北"让千湖之水碧水长流"的总体要求，荆州把水生态摆在发展现代渔业的首位。设计彰显荆楚美景和渔业概念，使桥梁根植本土。太湖港大桥以渔夫撒网动态的张力，展现荆楚文化在当代的生命力。海湖大桥受渔业中渔网和渔夫自己编制的篮子的启迪，进行元素提取，并运用于桥体设计。

景观桥位于横跨海子湖河流入口处，作为荆州环湖公园的地标构筑物，人行桥与景观塔整合为一体，有环湖路桥、人行栈桥、玻璃栈桥三种不同的空间体验，玻璃栈桥部分位于靠近湖面一侧，人行栈道的分支则起到连接各个广场节点的作用。

太湖港大桥桥位平面图

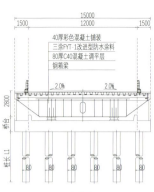

A-A剖面图

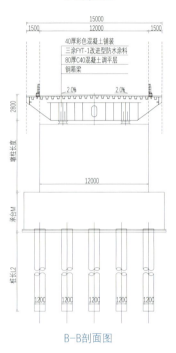

B-B剖面图

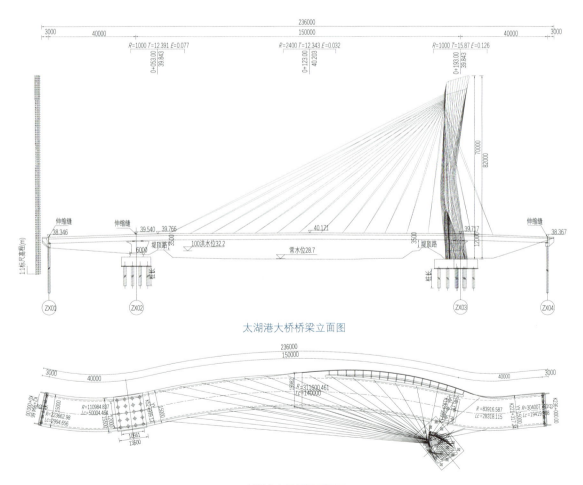

太湖港大桥桥梁立面图

太湖港大桥桥梁平面图

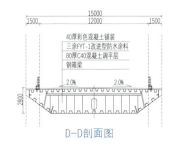

C-C剖面图

D-D剖面图

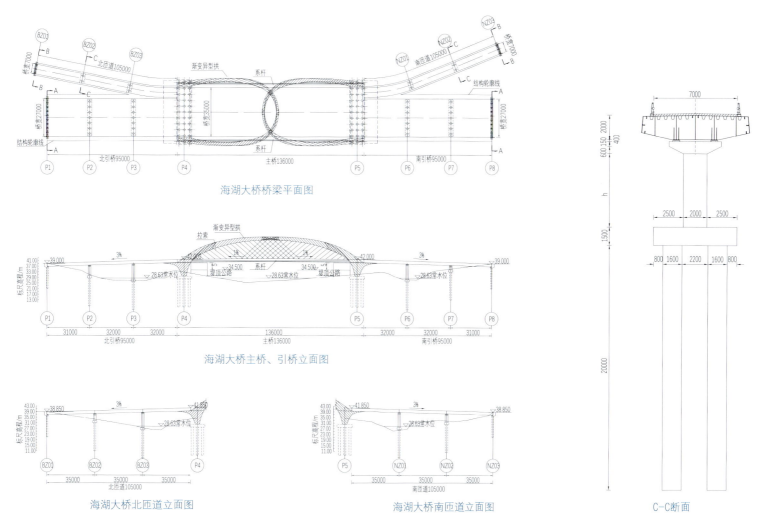

海湖大桥桥梁平面图

海湖大桥主桥、引桥立面图

海湖大桥北匝道立面图

海湖大桥南匝道立面图

C-C断面

衢州市霞飞桥

项目位于浙江省衢州市，为横跨衢江的一座景观桥，南岸为霞飞路、衢江市民公园及商业等，北岸目前为自然村落及农田，以后会有进一步的开发。景观桥是人行及非机动车的过江通道，机动车通过桥体下方隧道穿过衢江。景观桥将引入城市绿地、公园以及现有城市步行道、绿道和滨江慢道的人流。

项目横跨衢江，除了满足非机动车和人行的通行需求外，同时也希望成为衢江上的一个新地标。其中，航道通航净空110m×7m；最高通航水位按55m，控制最低通航水位按53m，控制50年一遇洪水位61.16m，100年一遇洪水位62.02m。因邻近机场，桥梁最高处不能大于108.25m。景观桥只通行非机动车和行人，桥面宽不限。针对以上条件，在主桥体选线及引桥选线上将面临各种挑战：一是桥体结构如何避让隧道，二是如何处理南北两岸堤顶路、市政道路、慢行系统与桥体引道之间的关系，三是如何让该桥成为衢江区的一座地标景观桥。

提取当地文化意象，设计出整合结构与形式的不同方案。云水桥以中国书法为设计概念，赞颂行云流水的衢江。设计整合了流线与结构，现代而简洁，既表达了中国传统文化的意境，又体现了当代流线的美。设计与原有的慢行系统以最简洁的方式连结，将南侧居住区的人流引向江北。鱼跃桥以鱼跃龙门为设计概念，桥梁整体犹如在衢江中跳跃前进的大鱼。桥梁顶部设两处遮阳棚，由鱼鳞状金属片构成，仿佛两条鱼相伴在衢江中翻滚。设计不仅承担了非机动车道的功能，同时还能为往来行人遮风避雨。

衢州市霞飞路衢江景观桥的设计，是一项民生工程，方便市民无障碍通行及绿色通行的同时，将衢江区城市客厅的形象展示给当地人及游客，不同理念下的设计更是将文化与功能很好地结合起来。

桥梁基础数据

项目地点：浙江省衢州市
设计时间：2021年9月
建成时间：未建
跨越河流：衢江
通航净空：Ⅲ级航道，净空110m×7m，最高通航水位55.0m，最低通航水位53.0m
防洪标准：100年一遇，百年一遇洪水位62.02m

方案一：云水桥

桥梁规模：全桥总长745m，跨河主体结构长339m，最大跨径147m
桥面宽度：10~25m
设计荷载：城-B级0.6倍，人群4.5kN/m²
上部结构：变截面连续钢箱梁
下部结构：V型墩柱+承台+群桩基础

方案二：鱼跃桥

桥梁规模：全桥总长770m，跨河主体结构长350m，最大跨径140m
桥面宽度：12m
设计荷载：城-B级0.6倍，人群4.5kN/m²
上部结构：上承式钢结构拱桥
下部结构：承台+群桩基础

衢州市智慧双桥

项目位于浙江省衢州市柯城区智慧新城南侧，智慧岛与智慧湾之间。项目为了联系常山港南北两岸慢行交通，通过一对景观桥形成环状游线，以解决南北两岸人行与自行车交通不连续的问题，完善常山港生态公园绿色无障碍慢行交通系统。东西两座桥梁长度分别约为360m与450m。

桥位于智慧岛常山江水域范围、衢州未来之城智慧湾与智慧岛交汇区域。景观桥功能为人行和非机动车通行，设计规模属于市政大型项目。西桥总长450m，最大单跨跨度160m，主桥标准宽度14m；东桥总长约360m，最大单跨跨度160m，主桥标准宽度14m。

整体目标为：（1）满足航道净高与净空需求：在最高通航水位上方，须预留航道7m净高及110m净宽。（2）确保行洪安全：常山港沿江南北两侧堤顶路为50年一遇洪水位高度，沿江绿地皆为行洪断面，所以在设计过程中应保持桥梁主体结构满足低于8%的阻水面要求。（3）整合景观与观景功能：除了满足绿色出行的要求外，景观桥也需承载景观与观景功能，应在桥体中融入观景平台，方便行人驻足休息。（4）实现人车分道：为有效疏解短时交通高峰，建议人车立体分流。（5）展现智慧新城科技意象：景观桥不仅完善两岸交通联系，也将是科技学院与产业研发之间重要的空间媒介。因此，除了增加观景功能外，项目设计更积极提供研究及产业人才的绿色智能交流平台。

项目策略为：（1）最少落柱，在单跨跨江的前提下，连接常山港南北江岸。基于常山港行洪断面要求，以及航道净高及净宽要求，避免多余结构，以一跨简洁结构设计为原则设计桥梁。最大跨度约为160m。桥结构落柱均在两岸绿带上，满足行洪断面主体结构低于8%的阻水面要求。（2）人行道与非机动车道立体式分开。两座桥梁在设计中均单独设置人行道与非机动车道，人行道连接二层观景平台，形成立体式交通流线。（3）设计出与结构整合的简洁立面。在桥梁立面设计中，以中国传统的风雨廊桥概念为基础，加入遮阳的顶棚，形成观景平台的遮阳空间，同时把"仿生叶脉""山水流云""传统屋顶天际线"等自然元素融入变截面钢箱梁、钢桁架等结构体系，形成简洁、完整的立面效果。（4）采用智能城市家具。观景平台的城市家具整合智能信息系统及Wi-Fi功能。

方案创意来源于传统建筑错落而有韵律的屋顶天际线，并融入现代的设计语言，设计出既有传统元素传承，又有当代创新设计语言的现代景观桥。

桥梁基础数据

项目地点：浙江省衢州市
设计时间：2021年9月
建成时间：建设中
跨越河流：常山江
桥梁规模：全桥总长810m，最大跨径160m
桥面宽度：净宽14m
桥面面积：14990m²
设计荷载：城-B级，人群4.5kN/m²
上部结构：变截面异型连续钢桁架
下部结构：混凝土墩柱
通航净空：110m×7m
防洪标准：主桥100年一遇，引桥50年一遇

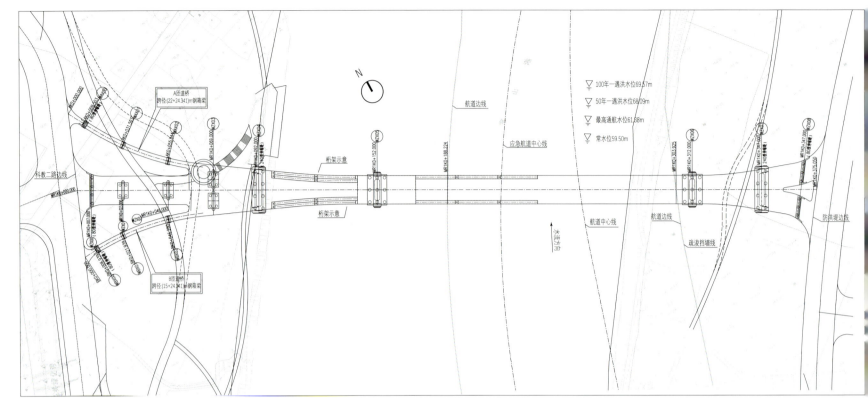

智慧桥西桥平面图

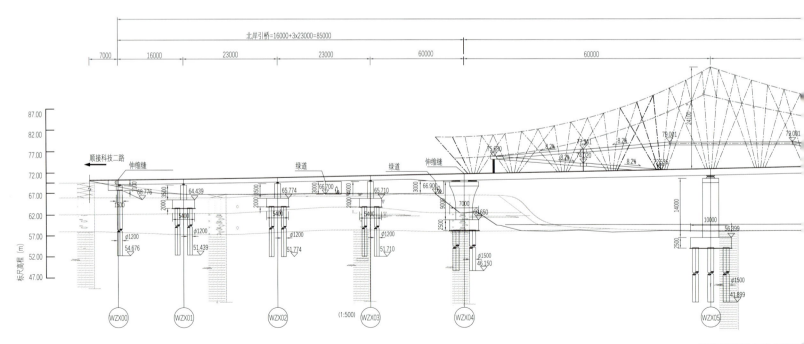

智慧桥西桥主线立面图

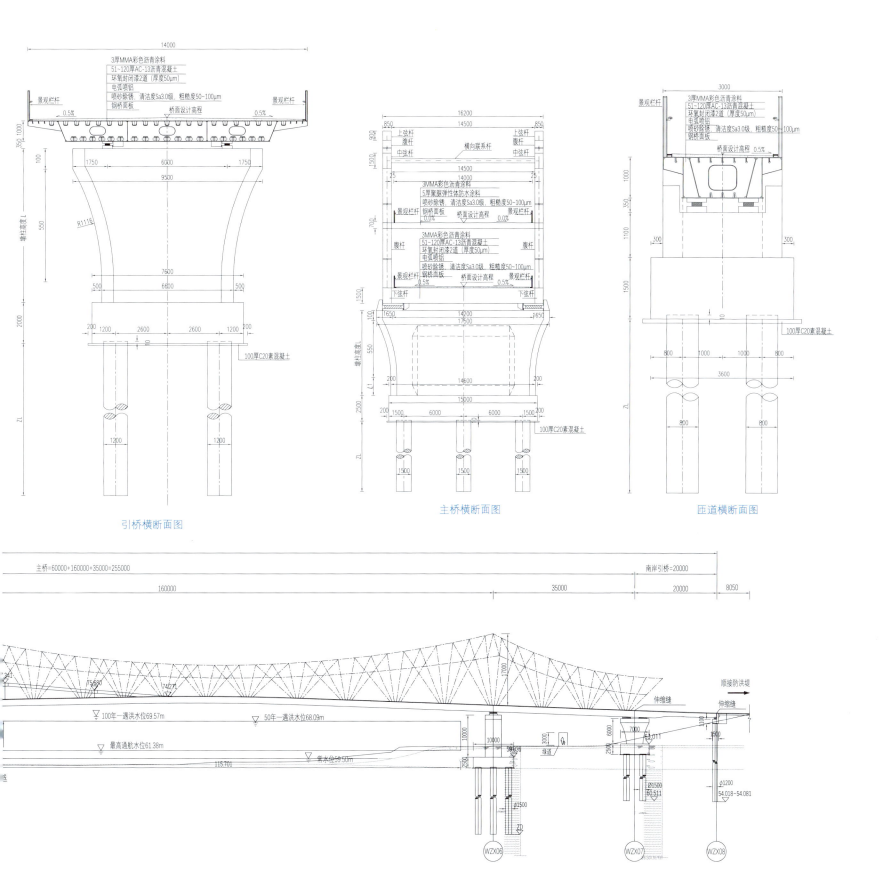

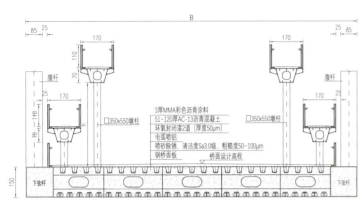

二层平台坡道横断面图

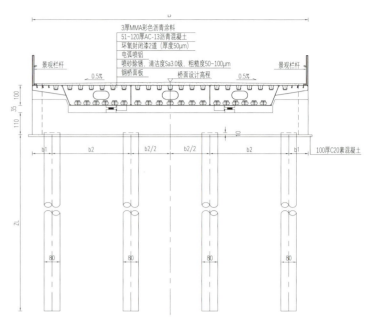

引桥桥台横断面图

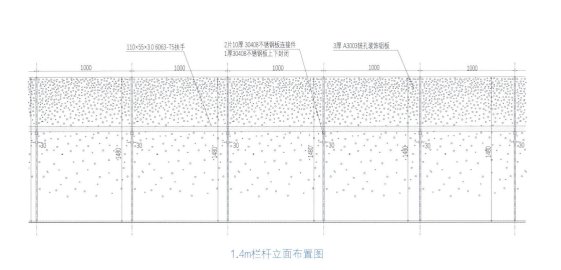

1.4m栏杆立面布置图

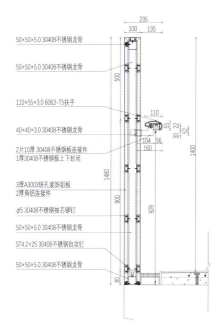

1.4m栏杆断面构造图

衢州市水亭门历史街区景观桥

衢州市历史街区风貌景观桥项目位于衢州历史之城——南孔古城,承载从历史节点水亭门至钟楼老街之间旅游游线的功能,定位为展现衢州历史文化、展望衢州未来的创新桥梁。项目从历史街区水亭门开始,至原农行地块的过街天桥及连廊止,总长约268m。

项目除了需承担过街天桥功能并满足水亭门至下街的无障碍通行需求外,也希望成为衢州市历史街区串连各历史节点的新地标。

因地处历经各个朝代的旧城中心区,城市街道空间并不宽裕,加上受各种地下管线影响,局部面临原有商业建筑立面改造的问题,以及与未来发展新建商业区预留游线衔接的问题,在选线上面临着各种挑战:(1)地下管线的避让问题。(2)原有商铺立面整改以及与未来商业区预留衔接问题。(3)合理布置垂直交通及满足无障碍需求的问题。

设计策略为传统与当代相整合。融入了文化宣传和科技智能展示的功能,串连从衢州古城墙遗址、水亭门到钟楼的一条旅游及视觉轴线,以景观桥为文化载体,通过智能互动模式展演历史故事,运用七巧板古老的智慧丰富了当代的空间设计,将传统的龙灯形象转译为一条历史通廊。

(1)承担过街天桥功能:人们穿行县西街和下街更为安全;(2)避让原有地下管线:为满足结构落柱的需要,靠近县西街商铺的管线需进行相应的避让;(3)形成完整的整体风貌意向:连廊空间分别经过县西街、商铺、县学、商业内街和下街,形式上的变化丰富了廊道空间,但元素及立面的选择保证了整体风貌的完整;(4)提供无障碍旅游游线:重要节点处,除设置楼梯外,还设置无障碍电梯,满足无障碍通行需要;(5)都市空间立体化:架高的连廊空间,穿越了道路、商铺、公园、商业街,保障步行空间安全的同时也使体验也更多样。

衢州市历史街区风貌景观桥是一项民生工程,方便市民无障碍通行的同时充分展示街区的历史文化,让本地人及游客更多地了解场地周边的历史。廊道在供人通行的同时也将带动店铺二层商业的发展,同时将科技互动展演更好地融入城市。人们在阅读历史的同时,也展望未来。

桥梁基础数据

项目地点:浙江省衢州市
设计时间:2020年12月
建成时间:未建
桥梁规模:总长约268m
桥面宽度:标准段宽3m,局部增加观景平台宽5m
设计荷载:人群4.5kN/m²
桥下净空:道路净空5m,非机动车净空4m,人行道净空2.5m
上部结构:六边形钢箱梁
下部结构:圆形钢柱+独桩基础

武汉绿道诸景观桥

两江、千山、百湖，如珠玑镶嵌于大地之上，绿道如一条丝带串起蓝绿珠玑，提纲挈领，对廊道意义重大。场地东西山系、水系等生态要素虽气脉相连，但星罗棋布，布局零散。27条江河湖渠，沿长江天然散布，但未形成连贯的水域空间，山系呈散点分布，连续度低。

桥梁有山水交会核心、纵横联系的绿道枢纽、连接东西山系绿道的重要作用。万里长江第一桥历史使命的转变，体现了以人民为中心，慢行优先，全龄友好，绿色出行。

项目属于特大型绿道项目，共有6座跨线桥，1处空中电梯，桥梁长4381m，现状道路改造8477m。共面临五项挑战：因涉及众多文物保护单位，如何实现绿道贯通与风貌协调；如何打通城市道路与山、江天堑，地下设施铁路纵横穿越，形成7处断点，如何加以利用；如何与城市交通站点衔接，实现公共交通与慢行之间的便捷转换；如何在复杂景区出入口明晰游览主线，提供连续的游览体验；如何与城市服务设施衔接，集约利用现状设施。

作为世界级城市展示窗口，以及串联山水江城、整合武汉人文印象的慢行通廊，项目还具备整合城市空间、连结城市功能、衔接绿道网络与旅游资源，为远期绿道建设留接口的重要作用。龟蛇链江城，"游"无极，"行"无限。看春花秋叶，四季人文。一脉两级八跨，串一湖一桥两山多点，实现观湖、游城、揽江、登楼。

设计以环形顺应地势，以最小占地消解高差。桥形以流水知音、大江知勇、行云流水为设计理念，实现主线全线无障碍，凸显大江之城。灵感来自莫比乌斯环，寓意"无限"，环形无限连通，完全畅行。景观桥浮于樱花之上，樱花象征智慧与勇敢，利用樱花凸显英勇之城；景观与桥梁一体化考虑，利用地形堆叠遮蔽桥梁基础，下挖谷地形成樱花凉谷，景观桥漂浮于樱花之上，可谓浮于花上、隐于林中；景观桥与建筑功能整合，屋顶形成九曲花街，营造漫步空中的氛围。

桥梁基础数据

项目地点：湖北省武汉市
设计时间：2021年12月
桥梁规模：共计6座桥梁，总长约4381m
桥面宽度：标准段宽度4.5m
设计荷载：人群4.5kN/m²
桥下净空：道路净空5m，非机动车净空4m，人行道净空2.5m
上部结构：连续钢箱梁
下部结构：钢柱+承台+桩基础

兰州市奥体桥

项目位于甘肃省兰州市奥体中心体育场北侧，南滨河西路沿线，西至深安黄河大桥，东至黄河楼。

项目的实施，将兰州奥体中心和黄河风情线、黄河楼景区等文旅景点有机连接，使其成为展示兰州城市文化的新地标。持续加强黄河滩地及城市绿地空间的生态修复、黄河景观界面及城市景观重点段的整体景观风貌提升、市民运动休闲场景营造，并实现城河交融发展，打造兰州新时代黄河风情线"一河两岸"的优秀典范。

景观人行桥梁包含一条主线和两个梯道。主线总长299.47m，主跨55m，桥面净宽4.6m；主线坡道最大跨径18m，净宽2.3m，局部加宽；梯道最大跨径11.92m，净宽3.3m。桥梁主跨采用张拉整体结构，坡道采用连续钢结构。桥梁底下净空5m（为车行道），满足城市主干道车净空要求。结构柱落在人行道边缘，非机动车道上净空3.5m，人行道上净空2.5m。附属设施包括栏杆、排水设施及灯光亮化等。

兰州作为我国唯一——座跨黄河发展的城市，是面向"一带一路"发展的国际化大都会，奥体景观步行桥位于奥体中心片区临近黄河的门户位置，是代表兰州现代性格和设计品位的重要城市地标。人行桥横跨南滨河西路西侧奥体中心人行主入口广场及东侧市政路人行道及黄河之滨入口广场，可为市民及赛时涌入的瞬时人流提供安全、便捷、舒适的通行设施。受现状树及高压线避让区域限制，奥体桥设置折线缓坡形式下线口，满足无障碍通道需求。结合南滨河西路两侧绿带景观，依托乔木布置提供遮阳之所，打造穿梭林间的慢行体验及树林掩映的视觉效果。桥体设计选用国际先进的张拉整体式结构，形式上自由、轻盈、平衡，以最少钢材实现最大跨度，充分展现力与美的平衡，与城市追求发展、开放包容的性格相合，同时与奥运精神追求的健康形体之美不谋而合。

桥梁基础数据

项目地点：甘肃省兰州市
设计时间：2022年3月
建成时间：建设中
桥梁规模：总长299.47m，最大跨径55m
桥面宽度：主跨桥面净宽4.6m，坡道桥面净宽2.3m，梯道桥面净宽3.3m
设计荷载：人群4.5kN/m²
桥下净空：道路净空不小于5m，非机动车净空3.5m，人行道净空2.5m
上部结构：整体张拉结构
下部结构：钢柱+承台+群桩基础

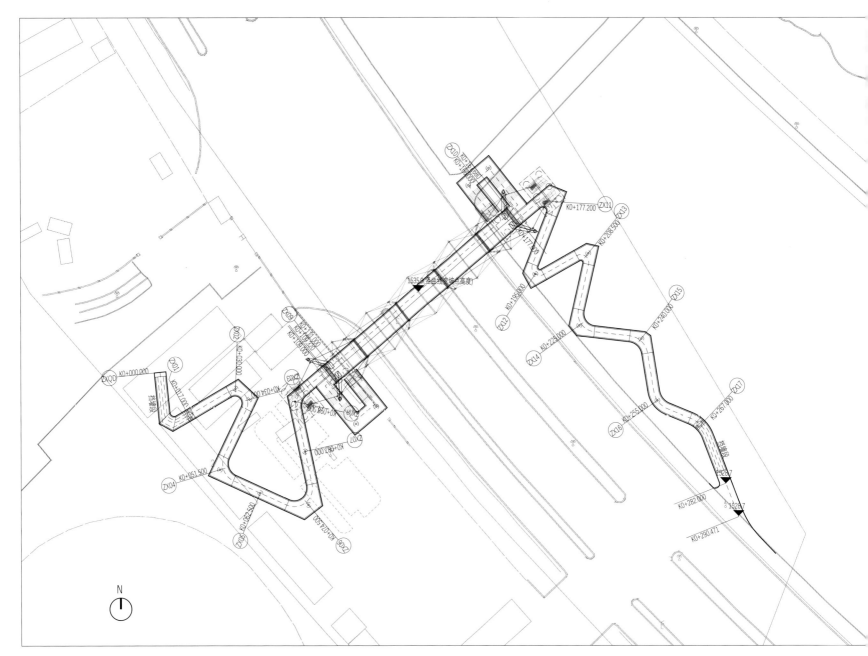

奥体桥桥位平面图

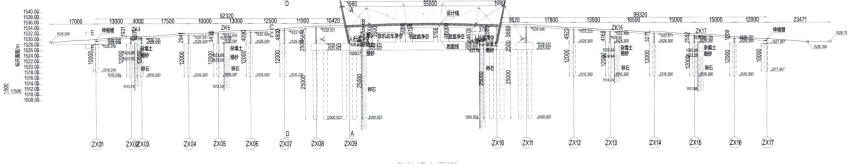

奥体桥立面图

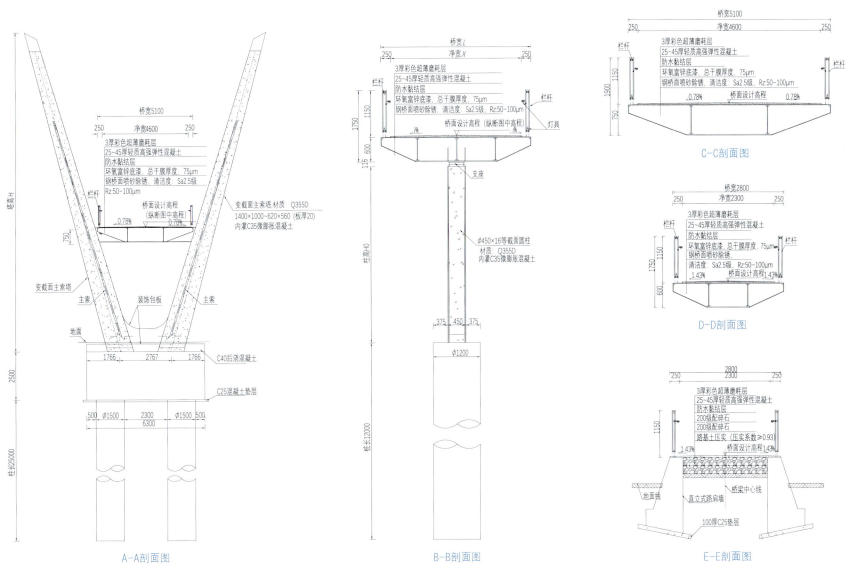

A-A剖面图　　B-B剖面图　　E-E剖面图

桂林市漓江鹭鸣桥

项目位于广西壮族自治区桂林市，鹭鸣桥为慢行景观桥，位于规划项目的中心区、漓江之上，于滩岛之间穿梭，连接东西两岸，为漓江提供了除江上泛舟外另一慢行交通选择。

桥梁为大型桥梁，全程无障碍。桥梁全长420m，人行桥面净宽2.5m，自行车桥面净宽3m，桥梁整体采用上下错落钢桁架结构形式，结构隐藏于侧板中。形态上，鹭鸣桥以水鸟展翅飞翔为理念，构成桥体形态，在视觉上更为舒展优美。结构上，以现代工程技术手段，做到尽量轻量化，采取上下错落的钢桁架结构，结构与功能完美结合。功能上，分为上下两层，上层为人行空间，供行人驻足停留，是赏景赏鸟的展窗；下层为非机动车行空间，实现步行和自行车分流且通达。当行人在不同层次通行于漓江之上时，随着桥体高度变化，获得不同的视野与观景体验。

灵感来源于"白鹭展双翅，竹筏起碧波"，上层人行空间是观鸟平台，运用隐藏结构的侧板，整合造型与灯光，连接上下平台，形成水鸟展翅的飞翔造型。桥在滩岛与林间穿梭，隐约可见，犹如一缕丝带漂浮于漓江之上，散步其中，悠然自得。

桥梁基础数据

项目地点：广西壮族自治区桂林市
设计时间：2022年5月
桥梁规模：全桥总长约420m
桥面宽度：非机动车道宽3m，人行道宽2.5m
设计荷载：非机动车荷载城市-B级，人群荷载 4.5kN/m²
上部结构：上下错落钢桁架结构
下部结构：异型钢墩柱

鹭鸣桥位平面图

广州海珠创新湾景观桥

项目位于广州沥滘。沥滘自古以来是广州的重要港口之一，发达的河涌水道使其成为烟火气息浓厚、人文聚集的文化高地；历史上，沥滘河涌纵横交织，湿地资源丰富，与北侧海珠湿地共同构成广州城市生态屏障，也是区域的生态高地。海珠创新湾依托沥滘村及广州南中轴的发展契机，汇聚国际金融城、琶洲互联网创新集聚区、国际生物岛、大学城等创新要素，共同组成竞合互补、创新协同的强大合力，成为广州乃至整个大湾区重要的创新高地。

海珠创新湾景观桥衔接城市设计，形成从沥滘村向中轴连接的空中走廊，加强历史和未来的对话。中轴末端衔接商业和城市公共场馆，设置观景环廊，形成多功能的城市地标。

景观桥主桥采用主跨240m钢结构斜拱桥，桥梁东侧桥面全长约420m，西侧主梁全长约352m。人行桥跨中总宽20m，其中西侧桥面宽6m，东侧桥面宽8m，中部梯道宽6m。整个工程占地面积约15025.9m²，其中占河道约9329.6m²、陆地约5696.3m²。

根据项目设计方案，桥形设计植根岭南文化，将粤曲水袖、广州水上花市、岭南古琴等能代表岭南文化的意象融入设计。该桥设有慢行道、快行道、自行车道、休闲坐阶等，桥面通过分幅形成通行与休闲两种步道。西侧为主要通行区，可满足步行、无障碍通行与自行车通行等多种交通需求，沿步道设置连续的遮阳雨篷，可实现全天候、风雨无阻的舒适通行。东侧为主要的休闲观景区，桥面设置观景平台与休闲坐阶。

桥建好后，立于桥上，能饱览广州现代风貌的珠江新城和自然风貌的母亲河珠江，桥成为广州城市最美景观之一。在步行桥的连接下，步行人流增加，鼓励人流驻足于珠江两岸；同时，带动珠江两岸的发展，使南北融为一体。桥成为联系南北的城市纽带。

桥梁基础数据

项目地点：广东省广州市
设计时间：2022年1月
建成时间：未建
桥梁规模：总长约772m
桥面宽度：标准段宽3m，局部增加观景平台
设计荷载：人群4.5kN/m²
桥下净空：道路净空5m，非机动车净空4m，人行道净空2.5m
上部结构：变截面钢箱梁
下部结构：V型钢柱+承台+群桩基础

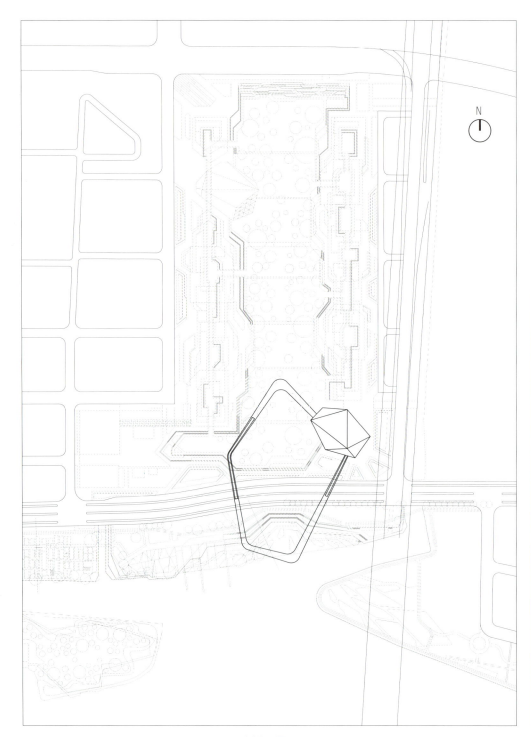

桥位平面图

兰州市跨黄河汇秀桥

项目位于甘肃省兰州市。百年前，中山桥由美国桥梁公司设计，德国泰来洋行承建，中国工匠合作施工建造，是中国近代史上兰州市、甘肃省乃至整个西北地区第一座引进外国技术建造的桥梁。百年后，应该有一座中国人自行设计、承建、施工的跨黄河人行桥屹立于黄河之上，超越百年前的兰州中山桥，作为新时代黄河流域生态保护和高质量发展的建设成果。

汇秀桥为特大型桥梁，桥梁跨越黄河长度约300m，单跨跨径约260m，采用上下错落钢桁架结构形式，结构隐藏于侧板。立体交通，人车分流，二层为活动观景平台，随着桥体高度变化，人们可以获得不同的视野与观景感受。艺术科普展览空间采用投影科技，投影等设备暗藏于结构层中。汇秀桥位于银滩湿地、黄河楼、奥体片区三者中心位置，满足三者连接需求，避免影响银滩景观效果及候鸟栖息，且保证桥上有较好的视野。奥体黄河之滨生态修复及环境提升项目向东延伸，可联动黄河楼、银滩湿地公园、华夏人文始祖园、兰州老街、马滩田园湿地等诸多兰州地标性节点。

汇秀桥以"天地人文际会，风雨廊桥今释"为理念，传承多元的空间功能。传统的风雨廊桥不仅有基本的交通功能，更是让游人遮风避雨、赏景观光、交流社交、体验怡然心境，是有多元功能的架于河上的走廊式建筑。传承传统风雨廊桥多元的功能性和空间结构，通过当代的设计手法、技术和材料进行创新，汇秀桥不仅成为黄河两岸的空间纽带，更是艺术与科普展廊；是城市的新地标，也是城市的观景阳台。

桥梁基础数据

项目地点：甘肃省兰州市
设计时间：2022年5月
桥梁规模：全桥总长约300m，最大跨径260m
桥面宽度：桥面净宽12m，非机动车道净宽5m，人行道净宽5m
设计荷载：非机动车荷载城市-B级，人群荷载4.5kN/m²
上部结构：连续异型钢桁架
下部结构：异型混凝土桥墩

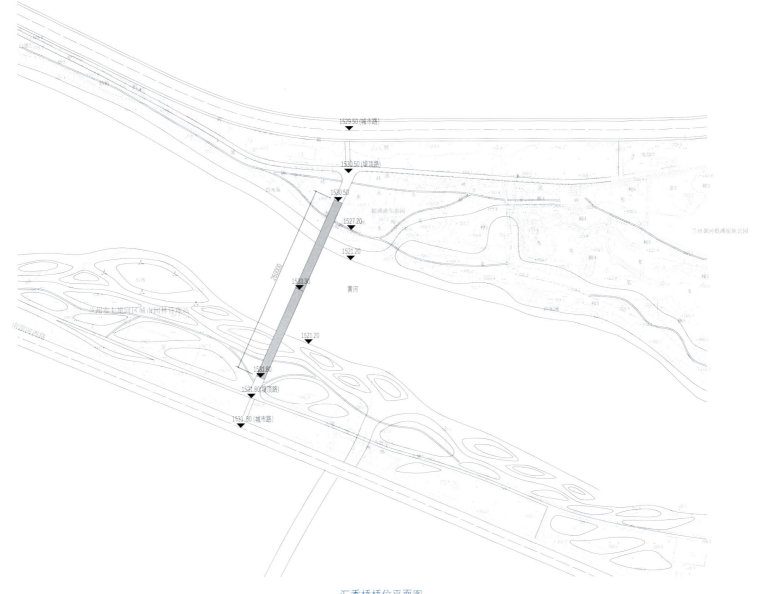

汇秀桥桥位平面图

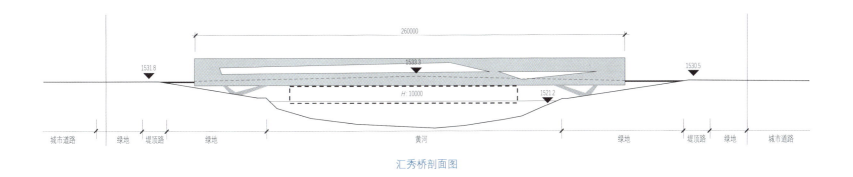

汇秀桥剖面图

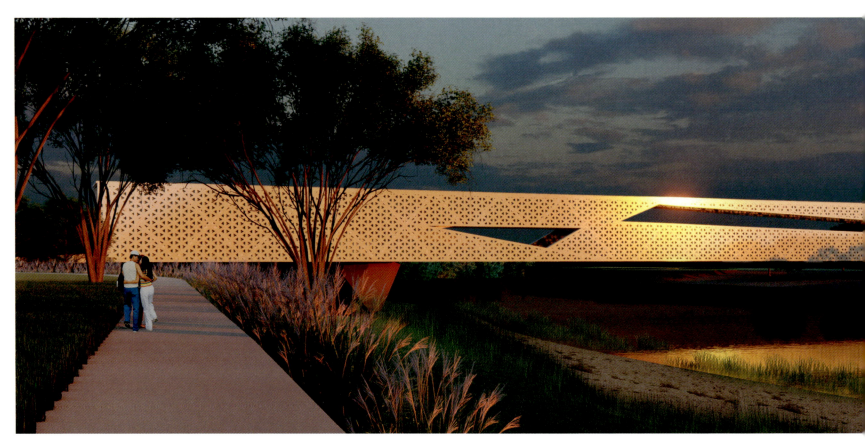

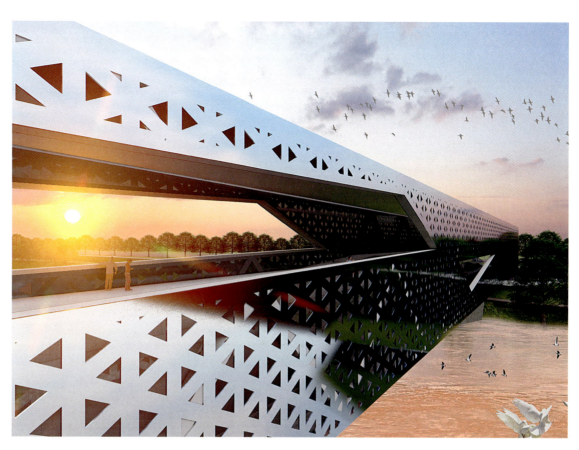

土人设计著作系列

1. AUSTIN G, YU K J, 2016. Constructed wetlands and sustainable development [M]. New York: Routledge.

2. YU K J, 2019. Ideal landscapes and the deep meaning of Feng-shui: patterns of biological and cultural genes [M]. San Francisco: ORO Editions.

3. YU K J, 2006. The art of survival-recovering landscape architecture [M]. Melbourne: Images Publish.

4. 俞孔坚，2023. 大脚革命与新桃源 [M]. 上海：上海三联书店.

5. 俞孔坚，刘向军，张媛，等，2021. 棕地再生：2020河北省第四届（邯郸）园林博览会设计实践与技术应用 [M]. 北京：中国建筑工业出版社.

6. 俞孔坚，2020. 理想人居溯本：从非洲草原到桃花源 [M]. 北京：北京大学出版社.

7. 全国市长研修学院系列培训教材编委会，2019. 致力于绿色发展的城乡建设：城市与自然生态 [M]. 北京：中国建筑工业出版社.

8. 俞孔坚，牛建宏，2018. 海绵城市十讲 [M]. 北京：中国建筑工业出版社.

9. 俞孔坚，张锦，等. 2017. 海绵城市景观工程图集 [M]. 北京：中国建筑工业出版社.

10. 俞孔坚，等，2016. 海绵城市：理论与实践（上、下）[M]. 北京：中国建筑工业出版社.

11. 俞孔坚，布莱克韦尔，欧文，等，2016. 北京生态社区：北京市海淀区南沙河区域"反规划" [M]. 北京：中国建筑工业出版社.

12. 俞孔坚，2015. 城市绿道规划设计 [M]. 南京：江苏凤凰科学技术出版社.

13. 俞孔坚，布莱克韦尔，等，2013. 浅山区城市发展战略：北京西南部青龙湖案例与启示 [M]. 北京：中国建筑工业出版社.

14. 桑德斯，2013. 设计生态学：俞孔坚的景观 [M]. 北京：中国建筑工业出版社.

15. 俞孔坚，罗，欧文，等，2012. 台湖展望：中国城乡结合带景观多解规划：北京东南部案例 [M]. 北京：中国建筑工业出版社.

16. 俞孔坚，李迪华，李海龙，等，2012. 国土生态安全格局 [M]. 北京：中国建筑工业出版社.

17. 俞孔坚，王思思，李迪华，2012. 区域生态安全格局：北京案例［M］. 北京：中国建筑工业出版社.

18. 俞孔坚，李迪华，李海龙，等，2012. 京杭大运河国家遗产与生态廊道［M］. 北京：北京大学出版社.

19. 哈佛大学设计学院，2010. 景观和生态都市主义：北京苏家坨地区多解规划［M］. 北京：中国建筑工业出版社.

20. 俞孔坚，2010. 上海世博后滩公园［M］. 北京：中国建筑工业出版社.

21. 俞孔坚，2009. 回到土地［M］. 北京：三联书店.

22. 孔祥伟，李有为，2009. 以土地的名义：俞孔坚与"土人景观"［M］. 北京：三联书店.

23. 斯坦尼茨，弗拉柯斯曼，等，2008. 变化景观的多解规划［M］. 郑冰，李劼，译. 朱强，俞孔坚，校. 北京：中国建筑工业出版社.

24. 俞孔坚，2008. 生存的艺术［M］. 北京：中国建筑工业出版社.

25. 北京大学景观设计学研究院，2006. 林水城居：土人手绘作品集［M］. 长沙：湖南美术出版社.

26. 北京大学景观设计学研究院，2006. 数字景观：土人表现作品集［M］. 大连：大连理工出版社.

27. 俞孔坚，李迪华，刘海龙，2005. "反规划"途径［M］. 北京：中国建筑工业出版社.

28. 俞孔坚，刘向军，李鸿，等，2005. 田：人民景观叙事南北案例［M］. 北京：中国建筑工业出版社.

29. 俞孔坚，王建，黄国平，等，2004. 曼陀罗的世界：藏东乡土景观阅读与城市设计案例［M］. 北京：中国建筑工业出版社.

30. 斯坦纳，2004. 生命的景观［M］. 周年兴，李小凌，俞孔坚，译，北京：中国建筑工业出版社.

31. 俞孔坚，石颖，PUDUA M，等，2004. 人民广场：都江堰广场案例［M］. 北京：中国建筑工业出版社.

32. 伯恩鲍姆，2003. 美国景观设计的先驱［M］. 孟亚凡，俞孔坚，等，译. 北京：中国建筑工业出版社.

33. 俞孔坚，庞伟，2003. 足下文化与野草之美：歧江公园案例［M］. 北京：中国建筑工业出版社.

34. 俞孔坚，李迪华，2003. 景观设计：专业. 学科与教育［M］. 北京：中国建筑工业出版社.

35. 俞孔坚，李迪华，2003. 城市景观之路：与市长们交流［M］. 北京：中国建筑工业出版社.

36. 俞孔坚，李迪华. 2003. 多解规划：北京大环案例［M］. 北京：中国建筑工业出版社.

37. 俞孔坚，2022. 设计时代：国内著名设计工作室创意报告［M］. 石家庄：河北美术出版社.

38. 丹尼斯，布朗，2022. 景观设计师便携手册［M］. 刘玉杰，吉庆萍，俞孔坚，等，译. 北京：中国建筑工业出版社.

39. 俞孔坚，2001. 高科技园区景观设计：从硅谷到中关村［M］. 北京：中国建筑工业出版社.

40. 马库斯，弗朗西斯，2001. 人性场所：城市开放空间设计导则［M］. 俞孔坚，王志芳，孙鹏，等，译. 北京：中国建筑工业出版社.

41. 西蒙兹，斯塔克，2000. 景观设计学：场地规划与设计手册［M］. 俞孔坚，王志芳，孙鹏，等，译. 北京：中国建筑工业出版社.

42. 俞孔坚，2008. 景观：文化，生态与感知［M］. 北京：科学出版社.

43. 俞孔坚，2004. 理想景观探源：风水与理想景观的文化意义［M］. 北京：商务印书馆.